任性出版

愛情，不是這樣的！

戀愛不是本能，
是需要學習、熟悉的能力。
小鹿亂撞絕非「我戀愛了」的指標，
找到好對象是有方法的。

80萬讀者喜愛的韓國高人氣兩性作家
YouTube頻道觀看次數破3億

金月——著　郭佳樺——譯

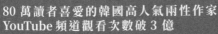

目錄

Chapter 2

解讀真心的方法

Chapter 3

有多負責任，就有多愛

Chapter 4

Chapter 5

最好的一段關係，從現在開始

那個總是站在你那邊、讓你也想跟著一起努力的人 211

推薦語

若你認為「有一個人會扛起你的世界」，那麼你通常會失望，因為他也同樣寄望你能扛他的世界。都要對方扛，所以誰都扛不住。

自己扛起自己。只有當你是好的狀態，你才會遇見狀態好的對象。因為相同的人會互相吸引，物以類聚，如果你的狀態不佳，靠近你的人也不會好到哪去。

此書，正是實用的「情感工具書」。保護自己的感情，需要理性的策略，它將教你控制自己、守護自己，進而提升成更好的狀態，便有更高機率遇見合適的對象。

——新銳華文作家／黃山料

我們曾以為戀愛就該像是五彩繽紛的棉花糖，每一口都軟綿而香甜，可每次無疾而終的心碎，才都讓我們明白，原來愛情不是這樣的。每一段關係的情節都大相逕庭，甚至不同時候回憶往事，還會得到不一樣的畫面與結論，就因為我們永遠不知道愛了會怎樣，所以才會一試再試，無論遇到對的人或錯的人，都要讓我們成為更好的人。

在這本書裡，你會看到愛情的起承轉合，像一張全開的地圖，有方法、有路徑，在你迷失時或許能找到蛛絲馬跡。

——作家／P's

來自感性的心動，浪漫刺激、讓人小鹿亂撞又心癢難耐，但這種迷戀也可能成為讓你盲目、迷失在情場的毒藥。在怦然心動後，我們還需要循序觀察、謹慎評估與設定界線，來確認眼前愛情究竟是月老賜福的正緣，還是虛有其表的爛桃花？本書就是幫你補足理性、避免戀愛腦的好伙伴，一次提升吸引、篩選、相處、療傷等不同階段的愛情力，讓你擁有更好的幸福關係！

——諮商心理師、約會教練／瑪那熊

我們都正在尋找愛、學習愛的過程上，光是從閱讀目錄開始，就覺得整本書的架構很完整也很吸引人。從互相吸引到分辨彼此是否為合適的伴侶、在交往過程中如何相處、如何吵架，到最後如果分手，也不要對自己氣餒和否定。書中所提到的價值觀和態度很值得學習。畢竟，愛情的學分，如果學校沒有教，那就只能靠課外讀物來支援了。

——人氣圖文創作者／米斯特 miisteros

前言
愛不是本能，是需要練習的技巧

你和交往對象，還順利嗎？

一直覺得幫別人諮詢感情這件事很難，但是當我在思考這件事有多重要時，總會想起一句話：

「關鍵時刻誰在你的身邊，可能會大大改變你的人生。但究竟是往好的方向，還是壞的方向，就看你的選擇。」

以前，我曾在遇上某個重大事件時，去見了我的高中老師，這是他告訴我的話，至今仍深深烙印在我的腦海裡。在那之後，我的人生有了很大的改變。**我真切的感受到，和我在一起的人將會創造「我的未來」**。

我的工作是替他人諮商戀愛和人際關係上的困擾，接觸到的煩惱類型多如繁星，除了受傷的人之外，也有造成他人傷害的人前來向我尋求建議。對很多人來說，一段關係注定會伴隨著傷害；不過，難道只要進入一段關係，就一定得受傷或為他人帶來傷害嗎？

遇見一個人、和他心靈相通，就好像是認識了一個不同的世界，並讓兩個世界融洽的合而為一。

在這段過程中，我們就好像被困在複雜的迷宮之中，有時會洩氣的蹲坐在地上，心想：「我可能就是沒有戀愛運吧？」、「好痛苦，我再也不要談戀愛了。」甚至會因為太過沮喪，而放棄和他人相遇的機會。

但是，我們依然會再次夢想遇見某個人，和他交流情感，因為放棄戀愛和人際關係，等同放棄了人生中很重要的一部分。況且，我們在讓關係變得更好的過程中，自己也會成長茁壯。

「**愛不是能夠輕鬆做到的本能，而是需要學習、練習的技巧。**」這是哲學家埃里希．佛洛姆（Erich Fromm）的名言。很多人認為，愛只需要靠情感和直覺，卻忘記還必須具備理性和自我調節能力，一段關係才能成功，也能走得更加長遠。

一段好的關係，不需要什麼特別的資格，唯獨需要技巧，而且，為了應用這些技巧，也需要你的態度和決心。

培養識人能力的方式，
了解關於彼此的注意事項，
究竟該如何在情緒波濤洶湧時，
讓初心永不改變，
所有技巧、態度和決心，都在這本書裡。

只要我們和某個人在一起，就很難避免受傷，但是，為此煩惱、為此心痛的時光，不是沒有意義，反而能讓我們變得堅強。

我喜歡這句話：「最好的日子還未到來。」如果你現在正為了感情和人際關係所苦，那表示對你來說最好的人，目前還未到來。

一邊讀著這本書，一邊回顧自己和周圍的人們，將是塑成一段好關係的開端。

至於要如何讓那一天提前到來，就看你了。

Chapter
1

我喜歡的人
也喜歡我

讓心儀對象的心，
專屬於我的方法

1 書或電影情節，比不上你親身經歷

多認識和我的想法及生活方式不同的人，如此一來，即便碰到讓我內心掙扎的人事物，也能擁有明辨是非的力量。

你想培養識人的能力嗎？

想要會看人，方法只有兩種：一是提高自己的標準，相對減少隨便和某個人交往的可能性；二則是盡可能多多交往，提升經驗值，培養對感情的耐受性。

好好提升自己，不要隨意進入一段感情中，是個很不錯的方法。當然，如果可以不耗費心力和時間，馬上就遇到對的人、相愛一輩子，肯定很幸運，但是現實生活中很難有這種事。

不過，就算有了識人能力，要是沒有和其他人交往的經驗，還是比第二個方式危險一些。

要認識各式各樣的人，
才會產生一套判斷人的標準。
無論是從書中、從電影中，或是從周遭聽來的故事，
都比不上親身經歷。

所以**我都會勸別人要多交往幾個**。**尤其是二十幾歲的時候**，我更希望你能花時間多認識人。但是，這不是叫你不要為未來打拚，只要去認識人

就好，我這麼說的前提，是認為到了二十多歲，你對未來該怎麼樣生活已經有了大致的方向。

和他人相遇、墜入愛河，也會累積你的「耐受性」。想想過去和某人從相遇、相愛到離別的過程，情緒一天到晚起起伏伏、無法理性思考的時刻是不是很多？有時候，幸福得像是要飛上天際，有時候又難過得像要死掉一樣，什麼事都做不了，生活大受影響，彷彿生了一場大病。

如果你想讓某個人的心屬於你，
首先要培養對戀愛的耐受性。
多和不同對象交往，
經歷各種問題，也體驗離別，
當你產生對戀愛這種激烈情感的耐受性時，
碰到任何情況都一定能理性思考。

也能慢慢做出更好的選擇。

即使自己的價值觀正確，而且下定決心要明辨是非、好好同理他人的心情，但瞬間湧上來的情緒仍可能摧毀一切。因此，去多認識跟自己的想法、生活方式不同的人很重要。如此一來，之後即便碰到讓我內心掙扎的人，也能擁有明辨是非的力量，也能把心儀對象的心，變成專屬於我的。

2 該去哪裡認識新朋友？

練習如何破冰，
會為你增加很多認識其他人的機會。
眼睛一閉、牙一咬，練習怎麼主動和人搭話吧！

「到底要去哪邊認識人？」

很多人會這樣問我。即便有很多認識異性的機會，通常也只是擦身而過，或關係僅限於朋友或同事，無法再發展下去。這類人大多都偏內向，他們不太能一下子就和陌生人相處融洽，難以主動接近他人，因為在不熟的人面前話不多，又容易緊張，所以經常被其他人誤認為個性冷漠，或當成你對對方沒興趣。

舉例來說，假設某個人因為我的外表而產生好感。這時，萬一我是內向型的人，就算對方對我有興趣，仍可能因為難以接近我而卻步。在現實生活中，很容易發生因為外表太冷淡，導致別人難以接近的狀況。

別人不太會主動接近自己？
你可以先回想一下自己對待他人的態度。

我經常去我家附近的某間便利商店買東西，每次去都會遇見同一位店員。這一年來都是由他替我結帳，但我從來沒有看他笑過，除了結帳時必須說的那幾句話之外，他也不會多說什麼。當然，我不是說超商店員一定要很和善、很健談，況且工作這麼忙，他肯定也感到疲憊。

只是因為已經和他見過幾十次面，卻從來沒和他對上眼過，他又總是面無表情，讓我對他留下很冷淡的印象，甚至開始懷疑他是不是討厭我。

有一次，我又去便利商店買泡麵，那個店員一如既往的面無表情，默默替我結帳。後來，我在外面用餐區坐下來吃泡麵，之後又進到便利商店買了一點食物，但這次不一樣的是，那個店員居然一邊刷著條碼，一邊和我搭話！

「在外面吃不覺得冷嗎？」他問。

當時，我實在是太驚訝了，雖然他還是面無表情，但這一年來，這還是我第一次聽到他說與結帳無關的話。

「沒關係，因為食物很燙，所以不會冷。」我這麼回答。

結果，店員再回了一句：「應該不是因為我的關係，才故意去外面吃的吧？」

的確，一部分也是因為顧慮到他正在打掃，怕他不方便，我才會選擇去外面吃。

我跟他實話實說，他則回道：「你不用這樣也沒關係，以後你一定要在店裡用餐哦。」

這讓我更驚訝了，他居然帶著微笑！這可是這一年來我第一次看到他笑的模樣，笑起來的他給人的印象，和之前有了一百八十度的轉變。

走出便利商店後，我思考了很久。我覺得這段期間，我完全誤會了那個店員，其實他也不是故意對人如此冷淡，也許他只是工作太累，或是本來就偏內向。他大概壓根兒也不知道，自己給人的印象是如此冷淡吧！

屆時我才明白，即便有人對我冷冰冰，也可能不是因為他討厭我，或對我沒有興趣，還要考量到當時的情況和對方的個性；尤其是個性部分，像我這種非內向的人，很可能因為不理解對方而產生誤會。

如果你個性內向，就練習如何「破冰」，
就像打破冰塊一樣，突破那冷冰冰的氛圍。
只要小小的努力，也能大大改變給人的印象，
一句話、一個微笑，就能迅速拉近關係。

即便是再內向的人，出社會之後，和人來往的態度也會有所改變。你會不會覺得，有年紀的人比年輕人更擅長和別人主動搭話？即使是問個路，年紀輕的學生很容易扭扭捏捏，或是抱持有點警戒的態度，但老人家反而輕鬆自在，也能親切的為你指路。我想，應該是歷練讓他們慢慢改變態度的吧？

練習如何破冰，會為你增加很多認識人的機會。眼睛一閉、牙一咬，試著主動和人搭話吧！但是，要注意的是，如果搭話的方式過於誇張，反倒會扣分。

只要在面對他人時，再多打開心房一點點，不管是談戀愛還是交朋友，對你的人生都會有很大的幫助。

我覺得，其實**人生中可以獲得的幸運或惡運**，**很多時候取決於對待他人的行為和態度差異**。現在，是時候體驗你的行為和態度，將會帶來什麼樣的變化了！

3 你一直遇不到好對象的理由

站在嶄新起跑點上的你，選擇了自由，
但要記得，你現在的選擇，
會決定人生的很多事情。

過去曾有一個人哭著來找我諮商，他說交往對象什麼都沒說就人間蒸發、完全失聯。雖然很可憐，但我完全不用花一秒鐘思考，就可以給出他最需要的答案，因為這個問題是有標準答案的。

如果一段關係就這樣收尾，以後老死不相往來，自然不用再擔心。問題是，**這類型的人再遇上類似對象的機率很高**。如果是這樣，那你要趕快尋找的不是下一個對象，而是你的「識人能力」。

所謂沒有識人能力，指的不僅是碰到壞人，而是明明知道不該這麼做，卻還是無法斬斷關係。確切來說，**不是沒有識別他人的能力，而是沒有「看清自己」的能力**。

明明知道不對，卻什麼都做不了，
你可能沒有發覺，
現在的你比想像中還要危險。
因為你甚至無法控制自己。

在進入一段感情前，或在一段感情遇到障礙的時候，你得先想一想：

● 我有識人能力嗎？

● 我可以控制自己的感情嗎？

如果是因為好巧不巧遇到爛人，湊巧碰上這樣的事，也許還可以去跟別人抱怨：「早知道他是這種人，我老早就跟他斷乾淨了。」將自己的做法合理化。但假如你都明白對方是爛人了，卻還是沒辦法和他分開，每次都受同樣的傷害，那就代表你連自己都控制不了。

一開始，人人都會對對方好，但過不了多久就被背叛，哭得一蹋糊塗，之後，又碰到一個好像比前任好一點的人，就和他交往。這個思考邏輯，等同把低標當成相對標準去比較，不是因為「這個人是好對象」而在一起，而是「這個人比起前任算好的了」；其實，從旁人的眼中看來，那兩個對象大概是半斤八兩。

不要用絕對標準看待對象，
只因為對方比前任好，
就認為「他好像不錯」，
這就是遇不到好對象的原因。

這麼做，只會反覆錯誤的感情，
搞砸一段又一段的戀情。

認為「我開心就好！」、談戀愛總是一味付出、不求回報的人，可能外表看起來開朗、很吸引人，但他們的內心一定很受傷，卻又不斷將自己的狀況合理化。

你真的滿足於你們現在的關係嗎？你認為這樣下去也沒問題嗎？千萬別把前任當成一段好關係的標準值！

如果以後想遇到好對象，去找一個真的不錯的對象固然重要，但也需要培養別讓自己太受對方影響的自制力，以及客觀檢視狀況的能力。此外，也別忘了不時尋求周圍人們的意見。

「我有需要被對方如此無禮對待嗎？」

「那傢伙一天到晚都找不到人，他有好到我必須忍受這個缺點嗎？」

現在重要的並不是你要和誰交往，而是在正式交往以前，你得先培養看清自己也看清他人的能力。好好了解自己能夠容忍的極限、自己的價值，重新建立對於理想對象的標準。

如果現在不趕緊改掉每次都受對方影響的習慣，不管和誰交往，都無法長久。

現在，重新站在嶄新起跑點的你，
選擇了自由。
但要記得，
你現在的選擇，
會決定人生的很多事情。

在開始一段感情之前或交往期間，
遇到某些地方不太順利時，
有件事你得先想一想。

我有識人能力嗎？
我可以控制自己的感情嗎？

4 容易讓人產生好感的人的共同特徵

成天唉聲嘆氣的人和總是掛著開心笑容的人，
你願意接近誰？
有些人一出現，感覺周圍都亮了起來，氣氛也變好了，
這種人就算不特別努力，也會自然吸引他人。

「無論是誰，都希望別人喜歡自己。而要讓別人喜歡自己的祕訣，在於讓對方的心情變得愉快。」我非常同意美國地質學家勞倫斯．麥金利．顧爾德（Laurence McKinley Gould）說過的這段話。那麼，容易讓人產生

好感的人，究竟是什麼樣的人？

其實，這些人有一些共同特徵：

・習慣互相回饋

舉例來說，假設你和某人約見面，你是開車來的，對方則是搭大眾運輸工具，要回家時，你會跟對方說什麼？

要是彼此是朋友，你可能會說：「走，我載你！」即使不是朋友，也會提議：「我載你一程吧！」

那麼，聽了這句話的對方又會怎麼回答（先假設你們一起坐車也不會尷尬）？雖然沒有正確的統計數字，但依照我的經驗，十個人中有七、八個會基於禮貌而回答「沒關係」；剩下的兩、三個則會說「謝謝你」，然後爽快的答應。此外，也有人會很開心的說：「要載我當然很感謝，但是這樣不會麻煩嗎？」

在這種情況下，更吸引人的回覆其實是「謝謝你」。

雖然禮貌上拒絕並不是壞事，但這樣的回答其實反而是在考驗對方。

「我要不要再勸一次？還是他都說不用了，不用載他也沒關係？」

因為你的回覆，反而在對方心中烙下默默煩惱的不舒服感。

當初對方對我釋出好意時，其實就代表了「我是如此在意你」的意思。如果對方提出建議時，背後有這樣的含義，那與其拒絕，**對提議的一方而言，接受他的好意會讓他更自在**。對方會在潛意識中感覺到：「原來這個人在接受別人的東西時，看起來很自然、很自在，表示他懂得接受別人給予的愛。」

我不是要你不知廉恥，好像人家一開口，你就要迫不及待的接受一樣。大部分的人都知道，拒絕一、兩次是一種禮貌，但假如從別人眼中看來，你沒有爽快接受對方好意，反倒習慣拒絕他人，站在釋出好意那一方的立場上，肯定會有些錯愕。

「為什麼他每次都要這樣拒絕人？是不是他不喜歡我？」

「難道他認為我的好意是同情嗎？」

「他為什麼不習慣接受別人的好意呢？」

如果再嚴重一些，可能會認為你很固執。在我明白這件事之後，如果有人向我提出善意的提議，只要我不討厭對方，幾乎都會爽快的答應。

・明確的主見

舉個例子，假設今天第一次和親友介紹的對象見面，為了決定要吃什麼，你問對方：「你喜歡什麼料理？」、「有沒有想吃什麼？」

這時候，有的人會回答：「我不挑食，什麼都吃。」其實這句話聽起來，背後的意思就是要你自己想辦法，反倒會讓人陷入苦惱之中。

因此，更好的辦法是，在考慮到對方的同時也表達自己的想法。如果用「你覺得義大利麵怎麼樣？」這樣的疑問句回答，即使對方不喜歡義大利麵，也會說好；因為有明確的選項，自然會感到鬆一口氣。但是，**擁有明確的主見和強迫對方接受自己的意見，完全是兩回事，不可以搞混**。

・讓對方感覺自己很特別

和某些人在一起時，會覺得自己好像變得更優秀、更特別了；相反的，和某些人相處時，你反倒會覺得整個人莫名變得渺小。若是這樣，我們當然會想和前者相處更久。

那麼，如果想要讓對方覺得自己很特別，該怎麼做？答案就是要捧對方、稱讚對方。這不是要你顯得卑微、貶低自己，而是每個人的優點不同，你只要找出對方的優點並盡情稱讚就可以了。

·樂觀

總是把「我過得好辛苦」這句話寫在臉上的人，會拚命想找出過得艱難的原因，死都想把自己的辛苦合理化，想著：「就是因為○○○和△△△，我才會過得這麼累。」

相反的，容易讓人產生好感的人，他們接受人生本來就辛苦的事實，認為克服困難的過程就是人生的一部分。

光是閱讀我的 YouTube 頻道上的留言，我就能感覺到，**悲觀的人比想像中還要多很多**。比如說，我上傳了一支影片，向觀眾表達「二十多歲要多多和人交往」的主旨，後來看到一則留言寫道：「現在這個時代，大家都累得不想和人交往了，越拓展人際關係，壓力越大。」雖然這是他個人的想法，但那則留言卻有很多人按讚，代表很多人都贊同。

可惜的是，這並不是樂觀的贊同，而是悲觀的贊同。

你是樂觀的人，還是悲觀的人？
如果你覺得你比較贊同悲觀的想法，
那就把你思考的方式，
朝正面的方向稍微拉過來一點吧！
那樣才能成為有魅力的人，
那樣才會有好事發生。

有魅力的人，其實就是開朗又樂觀的人。這聽起來或許太過籠統，但仔細想想，一個成天唉聲嘆氣的人，和一個總是掛著開心笑容的人，你更願意接近誰？遇到問題時，**一個總是表示「我做不到」的人，和一個覺得「因為是我，所以做得到」的人，你更想親近誰？**

有些人一出現，整個空間感覺都亮了起來，氣氛也變好了。這種人就算不特別努力，也會自然而然的吸引他人。要悲觀還是樂觀，要有魅力還是平凡，都是自己的選擇。

5 過度謹慎，反讓彼此關係更遙遠

有時過度謹守禮儀，
反而會讓兩人的距離變遠。
別忘了「適度」體貼對方，
關係才能變得健康。

兩人都對彼此有好感，但對方的生活非常忙碌。如果有一方是缺乏自信或自尊感低落的人，碰到這種情況經常會過度在乎對方感受；比方說，如果聊到下次該什麼時候見面，他們可能會說：「你應該很忙吧？跟我見面沒關係嗎？」明明心裡很想見面，卻又刻意假裝貼心。

聽到這樣的話，對方會怎麼想？他可能原本想要見面，但聽到這句話又會重新考慮。

假如他對我沒有興趣，聽了這句話可能會心生「這個人自尊感很低」的想法；而如果他對我有好感，可能又會誤會：「這個人是不是不想和我見面？」

正面的話語會引出正面的回應，
負面的話語會招來負面的反應。
負面的提問，等同不給對方思考的機會。
如果你期待正面的結果，就送出正面的訊號吧！

與其釋出不怎麼樣的貼心，不如直接問對方：「週末有空嗎？」、

「週末要不要見個面？」那麼，接力棒就交到對方手上了。**如果時間上不允許，他會自己想辦法拒絕，你不用再多做些什麼**。

「你工作應該很忙，有空可以和我聯絡。」這句話雖然是一種貼心，但是「你這麼忙，還一直跟我聯絡沒關係嗎？」，聽起來卻像是以後不要聯絡的意思。

所以，別忘了要用正面說話方式對話！就算對方本來對我沒什麼興趣，只要我繼續把方向導往正向，對方也可能改變想法。

體貼並非不好，但是，**在戀情剛萌芽的曖昧階段，可別「過度」體貼對方了**。想想自己為什麼想要體貼對方，是不是我認為自己必須體貼對方，才這麼做的呢？是不是下意識的認為自己必須這麼體貼，才可能跟對方在一起呢？

你很可能認為，你必須盡可能的為對方好，這段關係才能持續下去，所以才會這麼做。

是彼此互相體貼，
還是只有我單方面體貼對方？
如果是後者，就不應該再繼續下去。
若無法拋下這樣的心態，
很難拉近和對方的距離。

用正面的說話方式，理直氣壯的做出體貼的行為吧！此外，也別忘了照顧對方也要「適度」，關係才能變得健康。

6 愛惜自己的正確方式

如果是你很在乎的東西，
通常會捨不得給別人吧？
這也是我們愛惜自己的正確方式。

「我自認是個不錯的人，而且很有魅力，但是接近我的人好像不這麼想，我覺得他們接近我時，都有點隨便。」

其實，很多人都有這樣的煩惱，其背後的原因是自己以為的形象跟他人看到的形象完全不一樣。雖然將自己視為好人、有魅力的人，但在別人眼中，卻是一個「可以隨便交往、隨便分手」的對象。

為什麼會產生這樣的差異？回想一下自己的行為舉止，應該就能找到答案。這類型的人通常都會不停談戀愛，好像有人在後面追趕一樣，這一任分手後，就急著找下一任；因此，在其他人眼裡，會覺得好像不管什麼時候接近他，都可以和他交往。

對感情抱持開放態度很好，但如果想要保持這樣的戀愛模式，那最好不要太在意其他人如何看待自己。因為我們很難改變其他人的看法，因此，與其為他人的想法感到困擾，不如把心思放在自己身上，好好工作、念書、培養興趣，觀察身邊有趣的事物，回頭看看那些因為忙著談戀愛而錯過的東西。

但是有一件事，我想問問你：

如果你是個好人，

為什麼要這麼著急呢？

為什麼要如此在意對方的想法？

也有人會問我：「為了遇見好的人，我應該先暫停談戀愛嗎？」**要不要暫停談戀愛不是重點，因為如果只是不談戀愛，但仍整天抱怨自己很孤單，那也不會改變什麼。**

「如果多交往幾個，藉此尋找我人生的另一半，怎麼樣？」這和前者是一樣的道理，我們不該毫無想法的和別人交往，而是經過幾段戀情後，好好整理出心中的體悟。就算交往過很多人，如果每次都只是重蹈覆轍，那到頭來還是會產生同樣的疑問：「是不是我有問題呢？」

靠自己提升自己的價值，

好好重視自己，才是最重要的。

當你遇見某個人、開始一段關係時，請先問問自己：「和這個人談戀愛，值得嗎？」

如果你已經很久沒談戀愛了，則可以這樣捫心自問：「在這段時間，我都沒有輕易開啟過一段緣分，現在值得和這個人進入一段關係嗎？」

如果認為和這個人談戀愛實在不值得，那就不要匆忙進入一段關係。

如果你有一個很在乎的東西，通常都會捨不得給別人，我們在愛惜自己時，也應該要這樣子做。當然，如果你現在就有一個想要結婚的對象，當然應該主動出擊，但若不是，就先把心力放在自己身上吧！

我們都應該把自己的價值提高，提高到和別人談戀愛時，會覺得「可惜自己」的程度。

7 別想多，他真的對你沒興趣

在相處初期，男生的情感就很明確了。需要認識很久才能慢慢卸下心防的男生，真的很少見。

女生在對男生產生好感時，可能會出現一種錯覺：明明從以前到現在交往過的男生，大部分都對自己很有興趣、急著獻殷勤，但現在碰到一個行為模式完全相反的男生，反而錯把這種男生當成好男人，為那種人而著迷不已。

通常，對方很體貼、細心，代表他是如此的在意我。但是，這個男生不一樣，對我冷冰冰的，明明偶有聯絡，也會見面吃飯、喝杯咖啡，要是他對我完全沒有興趣，應該也不會跟我見面，但是他對我的態度卻總是——冷冰冰的。

這時，你甚至會開始認為：「還是說，大家口中的『壞男人』就是像這樣子？」然後在不知不覺間越陷越深。

其實，通常男生在相處初期，情感就很明確了，需要認識很久才能慢慢卸下心防的男生真的很少；因此，**如果認識已一段時間，但是對方仍一如往常的冰冷，他很可能對你根本沒有興趣**。即使不到完全漠不關心，但如果他表現出「不太在意」的態度，也是一樣的意思。

不過，很多人因為以前認識的男生，會為了和你有肢體碰觸就對你好，但這個人完全沒有這種意圖，反而讓你誤以為這個人是真正的好人。

其實，他和你沒有肢體碰觸是理所當然的，因為他對你沒興趣。如果完全沒有肢體接觸，也完全沒有「出招」，壓根兒感覺不到他有想更進一步的想法，**那你該有的想法不是「原來他是好人」，而是「原來這個人對我沒興趣」**。

先這樣想想，再回頭觀察對方，就會明白他的真心。

喜歡一個人，想對他好才是正常的。

對你冷淡的男生，並不是真的好男人，

他只是對你沒興趣。

那麼，如果沒興趣，這個男生為什麼要和你見面？其實，他很可能根本沒有好好想過這件事。並不是因為有興趣而見面，也不是因為沒興趣所以沒見面，只是有人約就見面、因為無聊才來約你，照著意識流轉、過著日常生活的男生罷了。

如果你因為這樣而受不了，那就來一記直球吧！直接開誠布公的問：「既然對我沒興趣，幹麼和我見面？」、「又不喜歡我，幹麼一直跟我聯絡？」只是，對方的回答應該會讓你驚慌失措，因為他們通常完全不知道自己的行為可能讓女生誤會。

碰到這類型的男生，很多女生會因為和之前遇過的男生不一樣，覺得很新鮮而為對方著迷。很多人會誤以為：「要是一直和他保持聯絡、經常見面，應該就有機會喜歡上我，進一步發展吧？」

努力過了，最後還是只有你難受。
如果不希望變成傻瓜，
現在還為時不晚，趕緊劃清界線吧！

就算今天對方只是還不清楚自己心意，或是本來就需要一段時間才能了解自己的情感，他也不會對你冷冰冰的。**他要是對你有興趣，他對待你時絕對不會隨便，反而會給人一種小心翼翼的感覺。**

如果完全沒有，好像只是隨心所欲，做任何舉動都沒什麼特別的想法，那你不如早點死心。不斷的將對方的行為自我合理化，最後受傷的還是自己。

有魅力的人，
其實就是開朗又樂觀的人。
想一想，
成天唉聲嘆氣的人和總是掛著開心笑容的人，
你更願意接近誰？

8 相處起來自在，是最加分的特質

無意識之中，我們都感覺得到，
和那個人在一起時覺得很不自在，
但是和這個人在一起時卻覺得很輕鬆，
這就是你的魅力所在。

想獲得某人的好感、又不想令對方感到負擔，該怎麼做？
其實，無論是誰，大家都喜歡有「sense」的人。所以，接下來我想介紹，三項一定能夠獲得異性（尤其是女性）好感的有 sense 舉動：

‧細微而體貼

去餐廳時，你有沒有看過搶先問店家有沒有提供圍兜的男生？大概幾乎沒有。如果不是穿著白襯衫或昂貴上衣，平常很少有人會去注意店家有沒有提供圍兜。再好好回想一下，在需要圍兜的狀況下，先要求圍兜的人大部分都是女生。

假如有一個人在點餐的同時，還問店家有沒有提供圍兜，拿了圍兜之後不是給自己用，而是給其他女性，身為女生，一定會對這個人留下很細心的印象。

再多給一個祕訣，當對方問你「你不用圍兜嗎？」時，最好回答「我本來就不太穿圍兜」。要是拿了兩件，一件自己用，一件給對方，可能會讓對方以為你只是因為自己需要，所以順便幫他拿一件，而不是特意照顧對方。雖然這是很細微的差異，但是只拿圍兜給對方的話，會留下更好的印象。

．約會時，要注意對方的鞋子

你曾注意對方穿的是低跟鞋、運動鞋還是高跟鞋嗎？找機會觀察看看，對方平常走路的步伐有多大吧！

當然，這不是要你一直刻意盯著別人的鞋子，只要能大概知道對方的步伐快慢就好。

每個人在走路時的步伐大小不同，走久了會出現速度差異，有些不擅長察言觀色的男生，就很難注意到女生越來越難跟上。

為了防止這種情形發生，我們要先瞥一下對方穿什麼樣的鞋子，斟酌那個人的步伐，配合其走路速度，最好能夠走慢一點，一邊聊天，一邊悠閒的散步。

再補充一點，如果女生走在靠車道的那一邊，與其直接換到車道邊保護女方，不如先使用手勢讓對方明白，會給人更有禮貌的印象。

．別錯過了去洗手間的時機

在用餐時間差不多結束、男生前往洗手間時，你是否想過女生在這段時間會做什麼？通常，她們會看看自己的臉，檢查妝有沒有花，看看牙齒縫有沒有卡東西。很多男生都會忘記在吃完飯後確認這幾件事。

如果男生不離開座位，女生為了補妝，就要去洗手間。所以，我建議男性抓好時間離開位置，等時間差不多了再回來，那這段期間女生就可以拿出鏡子或去上洗手間，因為有些女生會不好意思說要去廁所，這麼做也可以讓她們省去開口的麻煩。

既然都來到鏡子前面了，順便檢視一下外表吧！
如果可以在離開座位時順手結完帳就更好了，
你會被對方當成很有 sense 的男人。

當然，即便這三項都做了，對方也可能面無表情、對你的舉動毫無感想。但是，女生其實都感覺得到，和某些人在一起時覺得很不自在，和這個人在一起時，卻覺得很輕鬆、很自在，而這就會變成你的魅力。

不僅是在情侶之間，**在所有人際關係中，「相處起來不會不自在」都是超級加分的特質**。因此，假如在彼此才剛認識的時候，就展現出這樣的sense，之後順利發展的可能性就很大。

9 遇到命定另一半的徵兆

遇上一個我愛的人，
我會想給他我擁有的所有東西，
但如果碰到命中注定的另一半，
我不只想給他一切，
還想為了他，變成一個真正的好人。

你夢想遇見命中注定的另一半嗎？那個人究竟會是什麼樣的人？如果遇見了想和對方步入禮堂的另一半，你一定會感受到一股未曾在其他戀愛對象身上感受過的情感。簡單來說就是，**如果你在目前交往的對象身上，沒有感受到和過去其他戀情不同的情感，那就表示這個人不是你命中注定的對象**。

你一定很好奇，這裡指的不同情感到底是什麼？覺得現任比前任更好就算嗎？不，覺得現任比之前交往過的對象更好，是你本來就應該感受到的情感，因為這是一段新的開始，自然會覺得更好。

那麼，是一見鍾情，第一眼就覺得對方完全是自己的菜嗎？也不是，你要感覺到的是：「這個人真的有點不一樣。」

如果我喜歡對方、愛對方，
就會想對他好。
但是如果遇到「命定」的另一半，
情況就相反了。

你反而會更注意起自己。

我們會希望那個人看到的自己是一個不錯的人。如果說遇到一個我愛的人，我會想給他我擁有的所有東西；那麼，碰到命中注定的另一半時，我就會想變成一個真正的好人。

假使不是不愛對方，只是用理性檢視後，開始慢慢出現一些疑慮，在這個人身上感受不到前面提到的「不同情感」，那他就不是你命定的另一半。有一句分手名言是：「是命運讓我們分開。」大概就是要用在這個時候吧！

你是否曾因一種名為「愛」的情感，
把一個有問題的人留在身邊呢？
這麼做，遇見「那個人」的機率，

只會越來越低。

我相信蝴蝶效應，我認為，一個微小的想法也擁有巨大的力量。就如蝴蝶輕拍翅膀，也能颳起颱風一樣，你的小小想法，也已經改變了未來的走向。

也有人會想：「哪有什麼命定不命定的，怎麼過生活有差嗎？」不過，真的隨隨便便過生活的人又有多少個？我認為一定非常稀少，那些人也很清楚這麼過日子會變成什麼樣。無論是誰都無法完全否認，現在怎麼過生活、累積經驗，會改變你未來將遇到的對象。

和談戀愛的對象分手就算了，但是要過上一輩子的配偶，一旦決定，就不能輕易改變。和不合的人過著不幸的生活，那該有多痛苦！所以，遇見命定的另一半非常重要。

緣分盡了，仍會迎來另一個緣分，但命定的對象不會經常出現。如果不想錯過那個不知道一生會上門幾次的命定對象，時時刻刻都要盡力做到最好，除了讓自己的生活過得充實之外，也別忘了好好打開自己的感情雷達。

10 每段感情，都有一方比較愛另一方

曾經被很多人愛過的人，
會認為愛與被愛是很自然的事情。
因為他們一直以來都感受到，
除了我的戀人以外，
還有無數的人在愛著我。

當兩個人萍水相逢，愛情萌芽滋生時，你知道最困難的是什麼嗎？那就是**兩個人之中**，一**定有**一**個人必須接受對方比較不愛自己的事實**。回想

一下，**和某個人戀愛時，最難過的記憶，通常都發生在自己更愛對方的情況下**。

大部分的人都會因此而感到痛苦。過度執著、缺愛、不是滋味，也許對那份情感的描述方式不同，但大家都一樣難受，因為當事人肯定最明白，那個人對我的心意，絕對不及我對他的愛意。

不過，會在意自己更愛對方的人，通常都只懂得用一種角度來看待狀況：我給予戀人的愛和戀人給予我的愛，他們認為只有這段感情才能稱作是愛。但其實，家人替我著想、朋友照顧我、職場同事對我的關心，這些其實也是愛的一部分。

別把愛局限於男女之間，
把它擴大到所有人際關係吧！
我這個人本身，

無論到哪都會有人愛。
不明白這件事情的人，
才會執著在喜歡的人給予的愛上。

曾經被很多人愛過的人，會認為愛與被愛是很自然的事情。因為他們一直以來都明白，除了交往對象之外，還有很多人在愛著我。所以，高自尊的人談起戀愛也會更輕鬆、更穩定；而且不僅在戀愛方面，人生整體而言也是如此。

我想說的是，即使覺得我喜歡對方更勝於對方喜歡我，也要懂得理所當然的接受這件事。

那麼，什麼樣的人才是被愛著的人？你是不是也忙於生活，卻忘了要怎麼被愛，只是傻傻的走一步算一步，這樣子度過每一天？

專屬於你的特別之處是什麼？

想要好好思考自己的生活哲學，

首先，你的生活需要餘裕，

這麼一來，你才能和別人好好交流情感。

明白愛與被愛的方法，是你人生的武器之一。因為，這項「技能」可以為你的生活帶來許多正向影響，例如，在面試時留下好印象、旁人對你的態度更為親切、好機會更容易找上門來……這些東西，都屬於懂得愛與被愛的人。

Chapter
2

解讀真心的方法

「我們現在算是什麼關係？」
掌握狀況的直覺法則

1 只有小鹿亂撞的愛情，是毒藥

不要讓心動的情感停留在心裡太久，
只有心動的感情，反而是種毒藥。

確認彼此互相喜歡的心意後，就可以好好享受那份悸動，和對方幸福的約會。不過，你認為這份開心的感覺會維持到什麼時候？

心動很快就會消失，但生活還是要走下去。

從現實的角度來看，如果想談場真正的戀愛，不能太依賴或沉陷於心動感之中。即使心動感消失了，還是能讓關係繼續維持的，是心動感以外的事物；因此，我們要盡快判斷，即便那種小鹿亂撞的感覺消失了，是否還能跟這個人繼續牽住緣分、長遠的走下去。

和某個人相遇，那份心動如果維持得太久，
不如提早結束戀情，
不然就是轉換戀愛的方向。
心動維持得越久，反而可能成為毒藥，
因為你會受那份感情影響，進而忽視現實。

不要讓心動的情感停留在心裡太久。心動感可以自行調節，我們要懂得冷靜看待現實，好好控制自己，讓彼此的關係形成好的影響。

一場好的戀愛，除了能和對方在一起之外，還可以讓自己朝著更正面的方向改變。也許這聽來有些殘忍，但是你得在最幸福的那個高點，回顧是否有為了對方而放棄什麼。想一想，**你是否因害怕失去現在擁有的東西，反倒害自己遺失了更重要的事物？**

如果在二十多歲時能夠意識到這個事實，到了三十多歲就會比較輕鬆。無論是現在正在談戀愛的人，或是準備要開啟一段戀情的人，都一定要記住這件事：如果和某個人在一起，好像不會出現對自己好的事情，那你一定要三思。

當然，我喜歡對方，對方也喜歡我，心中小鹿亂撞，那是多美好的感覺！但是，光靠這種感覺無法解決所有事情，這樣子談的戀愛，結局還是悲傷。

我什麼都沒有實現，
即便我盡力對他好，犧牲奉獻，
但他並沒有跟上我的步伐。

或是說，就算他跟了上來，
也只是無可奈何的被我牽著鼻子走罷了。

怎麼知道我遇見了一個可以愛得長久的人？觀察看看，和他在一起的我是不是成長了更多、往更正面的方向改變？相反的，如何得知和我交往的對象不夠好？證據就是和他在一起的期間，我變得越來越安於現狀，往不好的方向改變。

比較看看，和他在一起之前和之後的我，如果沒有改變，甚至變得更不好，那就表示談戀愛的這段期間，你錯失了很多本來應該做的事情。在人生最重要的一段時光，你除了配合對方之外，其他事都沒有做，誰想過上那樣的人生？

你現在的樣貌，就是從遇見那個人開始延續至今的成果。談戀愛的期間，你成長了多少？要是遇見他之前和之後相比，沒什麼正向的變化，或是完全沒有成長，那就得放下對方。如果並非如此，你明顯變得更好，那就表示這段關係能讓你們看見彼此的成長，也是能夠持續累積感情的良性關係。

2 聯絡習慣，常見的分手導火線

聯絡習慣完全相反的兩個人，
很難理解對方的心態，
所以開始出現小衝突，
那些小衝突，甚至可能演變為分手原因。

很多人都會為了聯絡的問題而煩惱，不少情侶因此吵架、甚至分手。如果彼此的聯絡習慣不合，談戀愛就難受了。

有的人必須不斷保持聯繫，心裡才舒服，一聯絡不上就坐立不安，非常執著，明明對方是因為正在工作才沒回訊息，但他還是硬要鬧脾氣；有的人因為明白對方會感到負擔，努力裝得不在意，內心卻心急如焚。

相反的，也有人認為必須隨時聯繫，讓人壓力很大。不是不喜歡對方，而是本身個性就是這樣。再加上，如果工作忙碌或忙著準備考試，時時刻刻都要聯繫的確可能成為一大負擔。**聯絡習慣一百八十度相反的兩個人，很難理解彼此的心態**，容易出現小衝突，而那些小衝突甚至可能演變為分手的導火線。

從一開始就該說清楚、講明白，
在關係發展初期就要確認對方的個性與取向，
自己的偏好也要誠實以告。
之後，再自行判斷是要接受彼此的差異，
還是結束這段關係。

有些人因為太喜歡對方，所以即便知道兩人的個性差異很大，還是勉強維持關係，明明自己光是一分鐘不聯絡都受不了，卻裝作毫不在意、默默隱忍；但忍得了一時，忍不了一世，時間久了，也只是讓自己更難受罷了。

當「我願意配合你」變成了感情的基礎，對方會把這視為理所當然，最後只有你一個人被這段關係搞得精疲力盡。假設忍到最後受不了、大爆發，對方反倒覺得困惑：「你不是說你不在意嗎？」

不過，我建議你別隱藏自己的個性。如果是學生就算了，但若是上班族，一整天都要保持聯絡，對大部分的人而言都是種負擔。

> 我們不可能一天二十四小時都在談戀愛，
> 要先專心工作，有自己的生活，才能好好談戀愛。
> 請給對方喘息的時間。

我們在主動聯絡對方時，要有所節制，維持在「不會太累」的程度就好。所有事情都是適當就好，但其實「適當」也是最難做到的一件事。

況且，戀愛初期很容易對對方產生過多期待，也會感到貪心，或是想多給對方一點信心，所以刻意裝出一個不像自己的模樣。但是，如果把對彼此的期待值拉得這麼高，要持續配合那個期待值就更加困難。時間一久，真面目慢慢浮現，就只剩下對彼此的失望。

別從一開始就想把所有事情做到完美，即使成功交往了，還是必須接受每段感情都需要磨合的事實，慢慢打開心房。如此一來，也就能慢慢接受彼此個性上的相異了。

3 惹人憐愛的愛不是愛

對方讓你感到可憐，是危險的訊號，
因為惻隱之心會混淆你的理性判斷。

如果還在曖昧或進一步了解的階段，對方就讓你莫名感到可憐，就要小心了，那很可能不是喜歡、心動、惹人喜愛的情感，而是惻隱之心。

我喜歡對方，對方也知道，而他也喜歡我，這時，只要有一方告白，戀情就開始了。但有時候我們會有這樣的預感：和這個人談戀愛好像行不通。比方說，對方有複雜的個人問題、後來才知道對方和前任還沒分乾淨，又或是對方犯了說不出口的錯誤，事後才被你發現等。

運用理性判斷之後，你會發現自己不適合和這個人展開一段新關係，但是你已經深深為對方著迷，心胸就變得寬大，也會產生惻隱之心，誤以為：「這件事這麼難說出口，他都願意告訴我了，應該是真的很喜歡我吧！」因而忽略自己心中的警訊：「這個人有這個問題，我不該再跟他交往下去。」

但交往久了，還是會因為一開始介意的問題而爆發。不過，等到那時候才提出問題，站在對方的立場上，自然會反擊：「你一開始就知道了，為什麼現在才要提這件事？」

其實，並不是只有分手是悲傷的，在這樣的關係中交往下去，還是充滿著悲傷與不幸。

你是否特別介意對方的某個點？

就算再怎麼細微，
那說不定就是警訊——
讓你逃出擺明要吃苦的關係，
最後一道警訊。

如果認為「至少他願意誠實以告」，因而堅信可以和這個人在一起，那也沒辦法，畢竟你已經深陷情緒。所謂的情分，正是因為很難連根拔起，所以才說要在開始前就趕快做決定。

其實，比起好奇「他的祕密究竟是什麼」，我心中感受到的惻隱之心才是警訊，因為惻隱之心會混淆你的理性判斷，讓你想試著拯救對方，傲慢的想著：我可以改變他。

把愛和憐憫之心分清楚！

你想談的是戀愛，
不是想拯救某個人的人生。

如果交往後才知道真相，那時會更難受，因為你已經踏入了一段注定要吃苦的關係中，想全身而退就難了。所以，交往前要是對方能夠先吐露真相，或是從哪裡預先得知，那還算慶幸。

「謝謝你說出來，那麼我們就到此為止吧！」

這時候需要的，是說出這句話的勇氣。千萬不要想：「我是不是太心胸狹窄、太無情了？」不管對方怎麼看待你，反正關係結束後，你們再也不會碰面了。

4 為什麼一定要由對方主動靠近？

年紀越大，越害怕主動接近別人嗎？
你只想開啟一段一〇〇％確定的關係嗎？
現在不是害怕你只是魚池裡其中一條魚的時候，
用這種心態對待別人，無論是什麼樣的關係，
你連一步都邁不出去。

雖然和某個人互有好感，但雙方都沒有告白，這時，你一定感到非常焦躁。但要是兩人都是上班族，而且是在公司裡認識的話，自然會表現得

小心翼翼。

曾經有人告訴我，他在公司裡有喜歡的人，對方好像也對他有好感，卻遲遲沒有進展，他說，他不懂為什麼對方不能表現得更積極一點。

如果是在公司裡認識的，每天朝夕相處，感情很容易默默加溫，但也會碰到難處。

而且，如果彼此都是上班族，代表也有一點年紀，職場攸關生計，大家看待辦公室戀情時肯定也更加謹慎。

但這時候，你得先問問自己：

為什麼你認為一定要由對方主動接近你？

為什麼你認為一定要先由男生告白？

為什麼你斷定對方對你沒有興趣？

你小心翼翼，對方也是小心翼翼。

我明白，如果兩個人已經在曖昧了，但關係仍舊沒有進展，你會擔心自己是不是只是對方的備胎。尤其有了年紀後，我們都更希望能發展確實的關係。

其實，有一個確認你究竟是不是備胎的辦法，那就是——好好把情感表達出來，看看對方的反應。如果不想當對方魚池裡的一條魚，那就必須好好表達出自己的真心。

當然，表達真心後有可能換來傷害，但沒有表達自己的心意，反而容易被人當成備胎。如果你預先發現自己只是一個廣大魚池中的一條小魚，反倒可以免除許多問題，只要你願意下定決心，隨時都可以逃離。

越有年紀以後，就越害怕主動接近別人嗎？

你只想開啟一段一〇〇%確定的關係嗎？

現在不是害怕你只是其中一條魚的時候，

用這種心態去對待別人，無論是什麼樣的關係，
你連一步都邁不出去。
連一步都不願意邁出去，卻想要一段確實的關係，
這就是故步自封。
一步一腳印、慢慢了解這段關係，
才能確認你們兩人的戀情是否確實。

首先，檢視自己的心態吧！就算是辦公室戀情或是感到不安，想和這個人在一起看看的心情，是不是比這其他考量還強大呢？如果隨著時間流逝，你對那個人的情意越來越深，那就接受風險，交往看看吧！

相反的，如果你認為不可能有這一天，那事情反而好辦。何必為了一個不夠值得的人，冒這個風險呢？

如果對方的某些點讓你非常介意，
那打從一開始就不要談這場戀愛。

戀愛這種東西，剛開始談的時候，
當然不知道會不會幸福，
但如果打從一開始就有所顧慮，
這種戀愛，很難順利。

5 他對我是真心的嗎？

表白後，感覺到對方花了足夠的時間等你，那他對你很可能是真心的。
此外，如果你還感覺到他是遊刃有餘的，那他就是值得持續談戀愛的對象。

有某個男生突然接近我，很多女生的第一個反應是豎起警戒心。這個人是真心對我，還是只想玩玩？兩者都不是的話，難道是只想搞曖昧？這時有個辦法，可以知道男生是否認真在考慮這段關係。

・為了打破偏見而努力

對彼此還不夠了解的時候，提防他人是人類的本能。因此，還沒卸下心防的女生固然會對男方產生戒心。遇到這個情況，有些男生不能接受、覺得等同被拒絕，但如果是真心對待女生的男生，他們會理解這一點，並在和對方加深認識的過程中，不斷讓對方安心，打破她可能抱持的偏見。

這邊的偏見指的是什麼呢？比方說，假如兩個人認識的契機是朋友在派對上介紹、路上要電話等，有些人可能會覺得你是玩咖。這時，男方可以說：「之前朋友也有介紹對象給我，但這是我第一次和對方持續保持聯絡。」、「這是我第一次和別人要電話。」

當然，這種話有人相信、有人不信，也有人選擇繼續觀察，但至少這個男生有努力打破對方對自己的偏見。

「他是不是完全不在乎我是怎麼看他的？」

如果你有了一丁點這樣的想法，
那這個男生很可能不是真心待你，
碰到這種男人，千萬要三思。

・向對方表達心意後靜靜等待

有些女生會主動向男生表白，但大抵還是男生主動告白的情況更多。這時，如果女生說需要時間想想，很多男生會直接解釋為：「原來她不喜歡我。」

相反的，有些習慣先告白的男生認為，對方只要接受告白就代表是兩情相悅，誤以為對方和自己想法一致；不過，女生雖然接受了告白，她有可能還在慢慢打開心房。

但是，如果在表白之後，你感受到對方願意花足夠的時間等你，那他很可能對你是真心的。除了願意等待之外，如果你還感覺到他是遊刃有餘的，那這個男生就是值得持續談戀愛的對象。願意等待，代表他的心態輕鬆，不過於躁進，這份輕鬆的心態不僅在探索階段，在正式交往時也是非常重要的特質，因為大多數爭執及衝突的起因，幾乎都是心態不夠輕鬆。

・吵架時認輸兩次

這是每段關係中最為重要的一點。

很多男生認為，即使不覺得自己有做錯，還是先說對不起、低頭道歉比較好，他們認為：「如果我先伸出手，對方應該也會道歉吧！」但是，沒想到女友何止不道歉，還說「你下次不要再犯」。這時，有些人會因為生氣，之後再也不願意低頭。

不過，真心待自己的男生即使碰到這種狀況，仍會心想：「可能她心裡也覺得不好意思吧！」然後一笑置之。因為明白那個人是怎麼想的，所以願意認輸兩次。

有很多男生會在吵架時認輸，

也有很多男生願意連續認輸兩次，

但是，每回吵架都認輸兩次的男人，就很少見了。

通常一、兩次可以忍，但是經過幾次爭吵後，假如男生心情上也變得很敏感，還要他忍下來實在不容易。即便如此，還是能始終如一向自己認輸的男生，代表**他內心的優先順序是正確的，他不會喪失焦點，把重點放在「贏過自己所愛的人」上頭**。如果每回爭吵，他都願意先道歉、先伸出手，讓你能夠笑出來，代表他是真心愛你的。

當然，無論是脾氣再好的人，都有其極限，如果男生覺得你好像總是希望他主動認輸的話，很可能反而會成為感情中的裂痕。所以，想碰到好的男生，千萬別忘了自己也必須足夠聰明、願意讓步。

6 感到孤單時，最要小心的人

感覺孤單時最要小心的人，
就是認識很久、而且自認很了解的人。

男女間究竟有沒有純友誼，是長久以來爭論不休的話題。當朋友的時候沒有問題，但是當有一方開始越過那條界線時，煩惱就開始了。

假設總是對彼此吐露真心話、認識超過十年的友人，某天這麼對你說：「要是能有像你這樣的另一半就好了，你不想談戀愛嗎？」

聽到這種話，你肯定也會感到困惑：「他對我有意思嗎？」

不過，那個人對你究竟有沒有意思不重要，因為這種人就是你千萬不能親近的類型。聽到我這麼說，有些人會覺得很訝異，反駁道：「我和他都認識超過十年了，他不是壞人，這點我最清楚。」但是正因如此，我們看待那個人時反而容易當局者迷。

有時候，和他沒有關聯的第三者才能夠更客觀的看清問題，而自己正是因為知道得太多，反倒錯過了最重要的關鍵。

朋友可能真的對你有意思，
但是那份心意，
為什麼要等到十年後的現在才產生？
真的會心動早就心動了，
這樣不才說得通嗎？
即便彼此有對象、時機老是不對，

但十年的時光，不也綽綽有餘了嗎？

因為是老朋友了，撇除他是異性這點之外，你可能認為他本質上是個好人，交往也沒關係。但是談了戀愛又分手的人，他們在戀愛初期也都是覺得對方不錯，才開始交往的；然而，分手後，對方就變成全世界最爛的人，這不是再常見不過的情況了嗎？

試著想像看看這兩種可能性：第一，那個人真的只把你當朋友，卻還是對你說出這樣的話。那麼，那個人肯定是瘋了，因為真正的朋友就算再孤單、再難過，也不可能說出這種話，假如是真的純友誼，很難說出這種令人害臊的話語。

第二，那個人雖然沒有說出口，但他從很久以前就把你當成潛在對象看待。即便如此，**感覺孤單時最要小心的人，其實就是認識很久、自認了解的人**。你覺得對方是真心的嗎？但他說的這句話實在太膚淺了，用「你不想談戀愛嗎？」來試探對方，表示他的心意也只有這點程度而已。

他如果真的認真看待你和他的關係，就會說出類似這樣的話：「我不該對你說這樣的話，但我實在苦惱了很久，覺得必須說出來才行。」藉此誠實表達自己的心意。但他如果不是用這種方式，只是隨意拋出類似「你如果也喜歡我當然好，不喜歡就算了」的話語，代表他對你的心意就是這麼膚淺。

他現在需要的不是你，
是某個可以在他身邊的人。
他只是需要「某個人」，
又懶得費盡心思尋找，
剛好和你認識很久了、很自在，
所以隨意試探罷了。

那個人如果真心喜歡你、希望你可以陪伴他，通常都會誠實的說明「為什麼希望你能待在我身邊」。當然，你也可能覺得這只是說法上的差異而已，或是抱持著等關係有所進展後，可以讓對方更喜歡你的期待，因而開啟一段戀情。

如果你客觀檢視自己和對方的關係，覺得這是可行的，那就去談戀愛也無妨。但如果雙方關係變差的可能性更高，或是你不僅內心有些動搖，甚至覺得彷彿要失去自我，那就得緊急剎車。因為一旦跨過那條界線，接下來你就得自己負責了。

7 剛交往，先確認對方的婚姻觀

能夠和對方聊最多的時期，
就是關係發展的初期。
在這段期間，
你能夠聽到關於彼此的各種故事。

隨著關係持續發展，開始提到「結婚」兩字後，很多人才發現兩人的關係碰到了現實層面上的障礙。

這種時候，你可能會驚慌失措，因為通常會考慮到結婚，代表彼此之間的情感連結已經很深了。我經常強調，感覺到關係中的問題時，就要趕快斬斷關係，但我也明白這絕對不簡單。要慧劍斬情絲，只有在感情沒放那麼深的時候才有可能。

但是最大的問題就在於，很多人剛開始交往時不想考慮現實面，等到這段感情在生活中變得不可或缺時，才慢慢意識到「好像不太對勁」。傾向於這樣子談戀愛的人，隨著時間越久，越會因為累積下來的情分而難以分手。

那麼，要怎麼樣才能預防這種情況發生？答案是在交往初期要好好對話。兩個人能夠聊最多的時間點，就是曖昧和交往初期，在那段期間可以聽到關於彼此的各種故事。

在交往初期，如果可以了解「他是否會考慮和我結婚」、「他預想和我的未來能走到哪一步」，就不太可能等到未來才在那邊驚慌失措。交往後，如果感覺到這段關係越來越認真，那就要多問、多了解關於對方的事情，如果很難直接問他現實層面的問題，那就集中在了解他從過去到現在的生活歷程上，而且此時要特別留意對方的態度。

如果對方談到現實層面的問題時，
好像有所顧慮，
代表他很可能還沒準備好要結婚。
或者，他只是沒有打算和你結婚。

通常，除非他本來就對結婚抱持著負面看法，或是天生個性容易杞人憂天，不然很少會有人對婚姻相關的話題完全避而不談。沒必要和一個想法跟我一百八十度相反的人交往，況且，跟這種人在一起也很難長久。如果你想要結婚，那就早日尋找新的對象，對於你和那個人來說，都是更幸福的選擇。

現在的你，
是從你們在一起到現在，
累積而成的成果。
在前一段戀情中，你成長了多少？

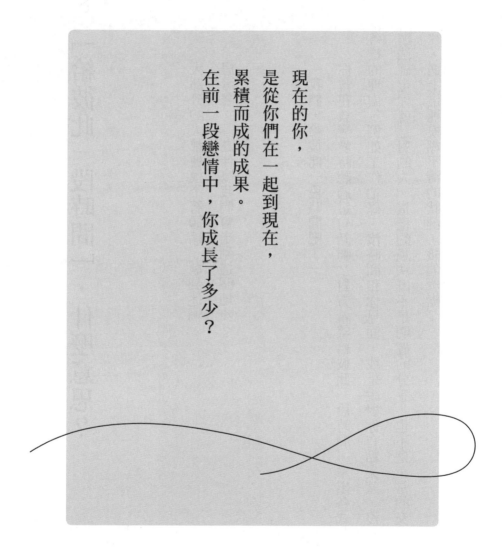

8「給彼此一段時間」，什麼意思？

大部分的人都會摸不著頭緒、感到迷惘，思考著：「為什麼我們會走到這個地步？」

「我們，給彼此一段時間吧！」

你曾在談戀愛時聽過這句話嗎？對方希望給彼此一段時間，拿出各式各樣的理由，例如工作忙碌、沒時間和你見面，或是說對你有點失望，沒辦法確定你就是對的人。這樣的說法既不是明確的分手，也不是正常的交往，遇上這種模糊不清的狀況，該怎麼辦？

很多人會感到心煩意亂，急著找出解決辦法，不斷思考著「為什麼我們會走到這個地步」，想要恢復關係又該怎麼做。如果過去沒有過這樣的經驗，這是很理所當然的反應，因為完全不知道對方為什麼會這麼說、自己該如何反應，又該如何收尾。

各自度過一段時間後，又會發生什麼事？時間一天天的過去，我的想法會如何改變？我的忍耐限度到哪裡？你可能從未想過這些事，也難以預測未來。所以，一聽到對方說要給彼此一段時間，就會無法接受、驚慌失措。其實，無法客觀檢視自己、談戀愛時只顧著注意對方的人，最容易遇到這樣的狀況。

他說想給彼此一段冷靜的時間，
表示他的狀態已經不像交往初期一樣，
可以包容你的所有面貌。

剛開始交往時，因為對彼此的了解不多，而且在熱戀期，所以不會把小事放在心上。但是時間一久，進入倦怠期或關係出現危機時，可能不再有信心可以這樣包容對方，或是已經感覺不到包容的必要性。

對更喜歡的那一方而言，固然很難明白「需要分開一陣子」的原因。不過，難道這是因為他對這段關係沒有感到不滿意的部分嗎？不，這是因為即使有，和不能再見到那個人、與對方失去聯繫相比，他寧可忍耐。而這所有的一切，就從這裡開始出錯。

未來談戀愛難道不會有倦怠期嗎？
那一天總會來的。
到那時候，如果不懂得聰明應對，
未來的戀情還是會朝類似的方向演變。

因為喜歡，所以忍耐一切、努力接受，最後反而導致自己非常難受，這時，你也可以告訴對方，你希望可以給彼此一點時間。這並不是為了演上一齣「我也忍夠了」的戲碼、或是刻意擾亂對方心理狀態的花招，而是覺得需要時間整理思緒時應該使用的句子。

先冷靜一陣子，才能好好理解這些感受背後代表的意義。如此一來，如果真的是關係碰上倦怠期，才能有智慧的走出去；如果始終不明白，就只能按照對方的標準，在感情中不斷配合他。

因此，在一段感情中，當一方提出「給彼此一段時間」的要求時，其實是可以重新思考這段關係的大好機會。**就算你再喜歡對方，也別急於修復關係，而應該先推敲原因、看清事情的本質。你的目標不是為了和那個人重修舊好，而是為了了解這段關係目前的定位在哪裡**，未來才能夠談一段更美好、更健康的戀愛。

9 現在不把你當對象看，未來也不會改變

男生呢，只要現在不把你當成對象看待，未來很可能也不會改變。

「我喜歡上一個不把我當成對象來看的人，我是不是該在變得更喜歡他之前打消念頭？」

如果對方是男生，我必須告訴你，成功發展的可能性近乎於零。女生在對方持續追求的狀況下，也許會想：「還是我要和他交往看看？」但通常，男生只要一不把你當成對象來看待，未來很可能也不會改變。

如果男方本來毫無興趣，過一段時間後突然改變想法，那與其說是他對女方的感情起了變化，不如說是因為當下太累、太孤獨，或是背後有其他利益可圖，因而起了壞念頭，刻意去利用女方。

當然，凡事都會有例外，但我只是想叮囑，不要期待那微薄的機率，浪費時間和精力在那種男生身上。

要改變心意，早就改變了，
即使過了一段時間，
那個人主動伸出手，
也不見得是好事。

苦苦等待一個人，最後當然可能苦盡甘來，但要談場幸福的戀愛還是有其困難度。比起過去茫然等待的時期，你可能得經歷更艱辛的狀況，才能持續的愛下去，所以不如早點斬斷你的單戀。我強調過很多次，戀愛這檔事，除了你愛對方以外，還要同時接受對方灌溉的愛。

因此，與其去追尋一個對你沒興趣的人，不如和一個讓你感到被愛的人交往吧！

對方沒什麼能夠為你做的，
自己的情感得自己整理。

當然，我也有聽過男生雖然對女生沒什麼意思，但女生告白後順利交往，最後步入結婚禮堂的案例。但這種情況不僅是少數中的少數，還有一個很重要的先決條件——女方的自尊感非常堅定，就算長時間單方面付出的感情也毫不動搖。

只要自己喜歡，一切就足夠了，即便對方沒那麼喜歡，也得真的絲毫不在意。但是對一般人來說，這絕對不是易事。如果對方的愛意和你的愛意相比，稍微少了一點，你能夠不在乎嗎？如果你不是這樣的人，最好還是盡快放下這份感情。

10 我喜歡的人 vs. 喜歡我的人

有了足夠的戀愛經驗，
體驗過情侶之間可能會發生的各種狀況後，
不僅能夠減少犯下無意義錯誤的可能性，
未來碰到危機時也能順利解決。

很多人常說：「和一個喜歡自己的人結婚吧！」「和我喜歡的人結婚」以及「和喜歡我的人結婚」，這兩者該選擇哪一個，其實根本不是問題。真正的問題在於，如果你沒有真心談過一場戀愛，那無論是前者或後者，選哪一邊都會是問題。

如果和喜歡我的人結婚，可能會留下遺憾，暗自心想：「如果和我喜歡的人結婚，會不會比現在更幸福？」相反的，如果和自己喜歡的人結婚，則會惋惜：「如果和一個很愛我的人結婚，又會怎麼樣呢？」

我們要趁還年輕時，
盡情的去喜歡某個人，
盡情的去思念某個人，
並去體驗那份強烈到難以招架的情感，
隨著時間流逝慢慢麻木的感覺。

此外，我們也該想一想該怎麼做才能長久維持現在的美好情感。我之所以勸大家要趁年輕時盡情去愛，是因為那時候才有足夠復原的體力、時間及情感上的餘裕，充分體驗過這些後，結了婚才不會後悔。

很多已婚人士認為，結婚的優點之一，就是少了要和某個人重新開啟一段關係的壓力。無論結不結婚，沒有人知道人生會發生什麼事情。碰上危機時處理得好不好，可能決定一段關係是否能持續下去。有了足夠的戀愛經驗、體驗過情侶之間可能發生的各種狀況後，不僅能夠減少犯下無意義錯誤的可能性，未來碰到危機時，也能順利解決。

你認為戀愛是隨時都能談的嗎？
你感覺不到戀愛的必要性嗎？
問題是，你的想法隨時都可能改變。
當你的價值觀開始變化，逐漸後悔的時候，
很可能就晚了。

歲數增長後，戀愛機會減少是無可奈何的現實。就算現在不談戀愛，之後某天也可能因為某個契機而結婚，但結了婚之後，過去未能充分體驗的戀愛經驗，則可能會讓你感到後悔。

你或許會惋惜：「電視劇中讓人心動的場景，我都沒有經歷過啊！」也可能變得憂鬱，心想：「情歌裡唱的那些心情，我一次都沒經歷過，可能再也沒機會體會了吧！」就算沒有結婚，隨著年紀增長，可以體會這種狀況的機會自然會減少。

所以，別以為戀愛隨時都能談，現在就去試試看吧！可以愛人的時候，就盡情去愛、盡情心痛，就算弄得遍體鱗傷也好。因為還年輕，這些都不是什麼壞事，即使未來回頭看，這些舊愛變成了人生的黑歷史，但你會因為這些黑歷史而成長，讓你更加滿足於現在的生活。

Chapter 3

辨別他是不是好人的武器

有多負責任，
就有多愛

1 生活中，比愛情重要的東西

有些戀愛，只有在十幾、二十多歲時才能談，如果超過三十歲，還期盼談那樣的戀情，就是不諳世事了。

「我們從高中開始交往，在一起八年，現在都二十多歲了。男友因為工作忙碌，說他沒有心思談戀愛，和我提分手。」

即使從年輕時就開始交往、長跑多年，但隨著年紀逐漸增長、環境改變，感情這種東西仍然很難維持下去。況且，十幾或二十歲出頭時，還可以不考慮現實的單純去愛，但是突然碰上現實的限制，很多方面都會讓你感到既混亂又痛苦。

還停留在學生時期青澀戀情中的你，
必須從童話般的戀愛情懷中覺醒，
有時候，單純無瑕的愛並不完全是件好事。

人們會依照自身經歷決定未來的方向，但是，如果只有未成年時期談的戀愛經驗，可說是仍然缺乏經驗。一直停留在這個狀態是很危險的，因為他們會認為其他人也和自己一樣，談的都是純純的愛。

如果成年以後還想以少年、少女的情懷談戀愛，其實不是一件好事，進入社會後的戀愛，某種程度上要看條件，也得看能力。

這個案例的當事人仍抱持著能夠挽回對方的一絲希望，因為從高中就開始交往，她知道對方單純的那一面；但是，隨著時間流逝，人可能會有相當大的改變，而這並不一定是件壞事。

有了一點年紀後，很多人說他們希望能不看任何現實條件，只想單純去愛。當然了，誰不想要那樣的愛情？只是，**有些戀愛只有十幾、二十多歲時能談，如果超過三十歲，還期盼談那樣的戀情，就是不諳世事了。**

「只要有愛情就可以了，錢？去賺就好。」

你也是這樣想的嗎？

其實在現實生活中，

比愛情還重要的東西多的是，

絕對不會少。

從很年輕的時候開始交往、長跑多年的人當中，有些人堅信會和對方結婚，於是安於現狀，不付出任何努力。這些人其實在進行一道非常危險的賭注。如果最後能結婚，當然很好，但這種人生大事很難說。

如果和交往許久的對象分手了，接下來該怎麼辦？因為他們沒有為自己做任何努力，也許很難再去遇見新的人，甚至被環境淘汰。在那之後，除了回憶之外，身邊沒有留下任何東西，而靠著回憶，又能夠生存多久？

我不是在建議你庸俗的追求條件好的對象，我的意思是，只憑一份心意去愛固然是好事，但也要記得充實自己的人生。如果對方變了，也只能接受，只要從那一刻起，努力成為一個比對方更好的人就可以了。

無論是經濟能力、工作能力還是個性，只要讓自己至少有一樣條件變得更好，不知不覺間，你將會成為一個很棒的大人。蛻變成這樣的人，自然會有更好的戀情來敲門。

2 千萬別送昂貴的禮物

因為沒錢而覺得不好意思，
硬是湊錢送禮物，在對方看來更可憐，
時間越久，看起來越寒酸。

「對方說不愛了，想要分手。我要他把我送的昂貴禮物還給我，他還罵我小氣。」

相愛時，什麼都很美好，好像可以付出我的一切。但問題在於分手以後，我們就開始斤斤計較了，對方先提分手的時候更是如此。再加上，如果我們之間有共同朋友，還得擔心周遭的人也議論紛紛、說我小氣，因此變得更加在意。

我從以前就說過很多次，**談戀愛時，千萬別送昂貴的禮物**。如果你個性瀟灑，覺得這點錢拿得出來就無妨，那當然很好，但我認為最愚蠢的，就是送出不符合自己經濟能力的昂貴禮物。

我也曾經這樣過，明明沒什麼錢，但因為要過紀念日、幫對方過生日，心想禮物至少得有這個程度才行；我曾以為禮物的價格就等於我的心意，好像表達心意的方法只有這一種一樣。

也許送出禮物的當下，你會覺得氣氛很好，認為你們談的是全天下獨一無二的戀情，但事實絕非如此。送了昂貴禮物，不代表那個人會更愛你，也不代表他就認為你是個有能力的人。如果他對你很認真，他會明白很多事情比禮物更重要。

分手以後，他會想著「那個人送了好昂貴的禮物給我，果然沒有人能和他相比」嗎？不，有時候，就算某個人只寫了一封信給我，卻令我更加難以忘懷，因為他和其他人不一樣，他用心寫的信讓我更印象深刻。

你可能會覺得很諷刺，
但其實，越愛對方，
越應該覺得用在對方身上的錢「很可惜」。
畢竟，你們不會只交往到今天為止，
如果不想讓對方看到自己越來越窮酸的模樣，
就好好投資在自己身上，讓自己變得更閃亮吧！

覺得花錢在交往對象身上一點都不可惜，是當你有足夠能力，或是兩個人的經濟條件都很穩定的時候，才應該萌生的想法。在達到那樣的狀態之前，**我們要當作用在對方身上的錢都很可惜**。如此一來，經濟條件才有辦法達到穩定水準，和那個人過上一輩子，不是嗎？如果缺乏遠見，馬上就花下大筆鈔票，要怎麼計畫和對方一起度過的未來？

通常，人的消費欲望最強的時刻，往往都是最沒有錢的時候；生活富足之後，消費欲望反倒會減少。而送禮物給另一半也是同理，當我什麼都沒有的時候，就覺得好像要拚了命送禮物，才能獲得對方的認可，好像這麼做，他就會覺得我和他以前交往過的對象有所不同。

反過來說，如果我不送昂貴禮物，就覺得對方好像看不起我，因為不想在他面前洩氣，所以就下意識的做得更過火。

但是仔細想想，如果你能力很好，那麼就算生日時只送上一朵花、一封信，也沒什麼好羞恥的。如果你的能力累積到對方完全無法小看的程度，那無論你送什麼禮物，甚至就算不送，在對方面前也能理直氣壯。

如果還沒有那個能力，就送符合能力範圍的禮物，假如對方因此看不起你，那就接受那份屈辱吧！
把那份屈辱當成動力，
好好累積自己能力，理直氣壯的勇往直前，
讓任何人都無法再小看你。

現在沒能送禮物給交往對象，也沒關係，先累積能力才是上策。這麼做對你有所助益，另一半看到也會認為你是可以共度一生的好對象，對雙方來說都是好事。

所以，你得先拋棄關係必須建立在物質上的想法，看得長遠一點。別忘了，因為沒有錢而覺得不好意思，打腫臉充胖子、硬是湊錢送禮，在對方看來更是可憐，時間久了，看起來就更寒酸了。

與其犧牲財產為對方奉獻，不如先讓自己成為一個很棒的人，這不僅是為了幫助自己成長，也是博取對方愛意的方式。

3 明明不愛了，你卻分不了手？

問題的根本在於你太喜歡那個人了，
而且對方也明白這一點。
這就表示，這段關係已經走到了盡頭。

在二十多歲時，很多人的經濟狀況還不是那麼穩定，可能還在等待就業、準備考試，也可能過著遊手好閒的生活。

假如從大學時期開始交往，男生因為先去當兵（按：韓國實施徵兵制，從二〇二〇年起，一般陸軍服役期間由二十一個月縮減為十八個月），就業較晚，通常女生會先開始上班。無論如何，假如其中一方的狀況比較不順遂，經濟上也有明顯差距的話，就容易碰上問題。

有一名寄信給我的女性也遇到了類似的情況。她在公司實習賺錢，男方則在沒有工作的狀態下，毫無長進的度過每一天，白天睡覺，晚上就去和朋友聚會喝酒，連一週一次的約會都嫌煩。對此感到不是滋味的她，忍到不能再忍之後出言訓了男生，沒想到最後男生提了分手，告訴她：「我現在的情況不適合談戀愛。」

她抱怨道，就算男生沒有錢也沒關係，約會費用都由自己來付也沒問題，她認為，在便利商店吃泡麵、喝罐裝咖啡，只要有彼此在身邊就是約會了，難道這樣也很難嗎？

站在旁觀者的角度，男方和女方狀況都可以理解。曾經碰過這種狀況，或正身處這種情況之中的情侶應該不少。當然，男生確實有任性的一面，但他現在的狀況的確不太好。然而，女方也該明白，無論你怎麼做，都無法改變那個男生的處境或心態，所以硬去爭論對方做錯了什麼也沒有意義。

這裡頭根本的問題在於，**你太喜歡那個人了，而對方也知道。其實，這就表示這段關係已經走到了盡頭**。

為什麼現在不想分手？

真的是因為喜歡嗎？

難道不是因為你還沒做好分開的準備？

我不是要斥責你那份支持交往對象、替他加油的心意。但是這份心意只要自己知道就好了。如果你不打算默默守護那個人一輩子，那就不要被對方發現你的心意，因為，如果你不願意這麼做，那打從一開始就不該發展這種不平衡的關係。

我們應該對自己的情感更誠實一點。真的只要男朋友陪在身邊，你什麼都不要求嗎？難道你不是抱持著「我都做到這個地步了，男朋友應該對我更好」的想法嗎？

在潛意識中，你一定會有補償心理，而這對當下狀況不佳的男友而言，其實只是徒增他的負擔。因為男生的情況不佳，他的心裡一點也不輕鬆，女朋友做到這種地步，讓他感到既負擔又抱歉，他應該會覺得這段關係令人疲憊，反倒想盡快解脫。

因為深怕對方好像不愛我，
你是否因為這樣更為他赴湯蹈火？
但這樣的你，只會讓對方覺得更有負擔。
讓彼此都脫離如此壓迫的惡性循環吧！

如果男朋友對你的心意，好像不如你的多，導致他提了分手，那就是該做出決定的時候了。

勇敢轉身離開吧！現在你看不清的事情，等離他越來越遠之後，就會越來越分明。

4 別把「不想結婚」這句掛嘴邊

如果你們對彼此都沒有責任感，
這段關係就很難順利發展下去。
說自己「沒有結婚的想法」，
等同在開始之前，就先暴露了你的弱點。

很多人說自己是不婚主義者，這當然不成問題，但是有必要當成座右銘一樣，一而再、再而三的強調，替自己築起一道牆嗎？除非對方心中真的是以結婚為前提在交往，不然我認為一直說這些話，弊大於利。

與其尊重你不想結婚的價值觀，

他反倒可能認為：

「反正這個人不想結婚，

那我也不用負起什麼重大責任，不用太認真經營。」

當對方有了這樣的感受，

誠實的話語就成了毒藥。

不僅結婚，談戀愛也很需要責任感。我們為什麼要為「我們交往吧」這句話賦予意義？因為這句話就代表了對一段關係的責任。但是，如果對方對我的責任感薄弱，那這段戀情就很難順利發展下去。因此，**說出自己沒有結婚的想法，等同從戀愛開始之前，就暴露了你的弱點**。

「如果兩個人都沒有結婚想法，

交往前就不用想太多了，不是更好嗎？

反正人生就一次，乾脆隨心所欲、盡情享受。」

若你心中真是這樣想的，那就沒必要煩惱了。

但如果你會因為戀愛問題而煩惱，

請先仔細想想，你的煩惱起因於何處。

一開始沒想那麼多就交往了，但等到慢慢有了年紀之後，搞不好就萌生了想結婚的想法。很多人到了這個時候才開始煩惱，來問我的意見。但假如到了後來，對方還是不想結婚，那該怎麼辦？已經流逝的時間，誰來賠你？

雖然現在信誓旦旦的說一定不結婚，未來想法還是可能改變。我們無法預測未來，就算只有萬分之一的機率，也不需要製造不利於自己的情況，所以，可別挖洞給自己跳了！

談一場自己更喜歡對方的戀愛，
這種人大多都壓抑著自己的需求，
為對方犧牲奉獻。

但是這種人很容易忘記，
與其為對方奉獻，
你得先讓自己成為一個很棒的人，
這不僅是為了你，
也是博取對方的愛，最好的方法。

5 在乎外表，會錯過很多事

即便時間流逝、外表有所改變，
仍然讓他看起來帥氣十足、美麗動人的因素，在哪裡？

有一名男性來找我諮商，他因為女友跟其他異性走得很近，無法接受而提了分手。即便如此，他還是忘不掉女方，心中非常痛苦。我問他為什麼喜歡那個女生，他告訴我：她眼睛很漂亮、睡覺的樣子很可愛……說了好幾項優點，但全部都跟外表有關。

通常，女生看待男生時很常使用「還有」（and）的方式。如果問她喜歡什麼樣的男生，她們可能會說要長得帥、聲音好聽、個性好……以「還有……」的形式敘述。

但相對而言，男生更常使用「或者」（or）來思考：「希望對方長得漂亮，其他差一點沒關係。」用類似這樣的道理，只要滿足一、兩項標準，其他標準就可以忽略。

我不是要各位精挑細選，尋找一個能夠滿足所有條件的人。這世上沒有完美的人，但是看人還是要有一套自己的標準和信念。

如果只看外在就喜歡上別人，
那就很容易被他人利用。
因為一件事而迷上對方，
就很難看清楚大局。

當然，也不是說女生就不看外貌，但根據我的個人經驗，真的「只看外貌」的女生相對少一點。

通常，那種因男友而受傷，卻仍舊無法下定決心分手、或分手後仍然念念不忘的女生，問她們「那個男的究竟哪裡好？」，會回答「外表」的女生實在不多。大部分的女生都會說，因為生病時男友會照顧她，或在她難過時陪在她身邊等，原因大多和男方為自己做的行動或情感有關。

如果在挑選對象時，外表占了條件的很大一部分，那你可不能讓對方知道這件事。如果他知道了，他就掌握了主導權。想像看看，假如對方只喜歡你的外表，其他部分不怎麼介意，那你還有必要展現出自己最好的一面嗎？還有必要對他好嗎？

別只看外表談戀愛，
如果沒辦法，那至少不要讓對方知道，

因為那等於是同意讓對方不做任何努力。

尋找即便時間流逝、外表改變，仍然讓他看起來順眼又好看的其他因素吧！

此外，吵架時也不能因為對方的臉蛋而心軟，如果生氣了，還覺得對方的臉蛋很可愛，可是很危險的事。吵架以後，對方看起來令人討厭才正常，如果不是這樣，這段關係就不健全了，最後你還是會弄得滿身是傷。

6 寂寞的可怕：它一下子就能被消除

就算在談戀愛了，也會有感到孤單的時候。
但有些人會試圖尋求另一個人的陪伴，
誤以為這樣就能解決問題。

「我有交往對象，卻又對別人產生了好感。」

因為這點所以喜歡這個人，又因為那點而喜歡另一個人，這其實很正常，因為每個人都有自己的魅力。更嚴重點，有些人會萌生無法在別人面前正大光明說出來的情感，而這種情感，只能自己默默處理掉。

不過，有些人會生出這樣的理由：「因為我覺得寂寞。」就算已經身處在一段關係中，也會有感到孤單的時刻；就算很愛交往對象，還是可能莫名感到寂寞。但是，有些人會試圖尋求另外一個人陪伴，以為這樣就能解決問題。

你知道為什麼寂寞這種情感最可怕嗎？

因為它一下子就可以被消除。

舉例來說，如果我們和某個人共度春宵，原本心中的寂寞感，三兩下就煙消雲散；說得更準確一點，是肉體上的寂寞一下就被滿足了，然而，心靈上的孤單卻不斷擴大。

有部韓國電視劇叫《愛在異鄉》，男主角得知未婚妻變心、喜歡上其他男人後，他帶著女生去百貨公司，要她挑一款自己喜歡的包包，並跟她說：「你對那個男生的心意，不過就跟這包包一樣而已。」

他想說的是，其實你並不是真的想和那個人在一起，只是暫時滿足了膚淺的需求。曾經靠著消費來排解某種心理需求的人一定能明白，利用刷卡、付錢來獲得的滿足感真的十分短暫。

也許你會反駁，不，不是這樣的，你對那個人的感情已經維持很久了。當然，也許你現在喜歡上別人的感情才是真的，但你覺得應該要等到現在這段關係走不下去之後，先跟他說清楚再離開。

別忘了，在你真正深入認識某個人之前，
對那個人的情感，
大部分都建立於自己的想像或期待上。

和一個人的關係變親近後，就會開始看見對方的缺點，發現他和你的想像有落差。畢竟，沒有人是完美的。不過，當初就算發現一些令人失望的行為，你還是選擇繼續和他交往，是因為你覺得比起那些可惜的地方，他有很多更優秀的部分。

就是因為有這些讓你覺得值得留下的優點，你才會和現在的另一半交往，所以，如果你要拋棄這樣的人，選擇去找新的人，那下一位就必須更加完美。

用這種方式想想看，如果不是這樣，那就對當下交往的對象好一點吧！就算對別人的迷戀很短暫，也要對你曾同時喜歡其他人的事心懷愧疚，加倍的對他好。

所有選擇，都需要付出代價。
不僅是戀愛，
在所有層面做出的所有選擇，
總有一天都要付出代價。
可以做的事和不能做的事，
必須慎重區分。

7 稍微停下來，也不會出大事

把一切都放下，
才看得清為什麼我會這麼難受，
還有究竟是什麼讓我難受。

人人都有感到無力、覺得不好過的時期，不一定跟戀愛有關。在這種時候，休息一下也沒關係，如果不休息，以後很可能會遇到想休息卻休息不了的狀況。

當然，也有些人確實沒有時間或機會休息，我也曾這樣子過，想到要停下來放鬆，便感受到一股莫大的恐懼。我害怕休息一個星期後，下星期、下個月，甚至是未來幾個月會變得更加辛苦。我心想，有必要這樣自討苦吃嗎？休息一回後，我怕自己就會想繼續偷懶，也擔心心態就此鬆懈，再也無法恢復。

因此，那時我選擇咬牙硬撐，但最後還是因過勞而病倒，整個人就像電力歸零一樣，身體完全動不了，只好把身上所有事情暫時擱著，閉上眼睛，休息一週左右。

在那段時間，我才明白為什麼我會走到這個地步。原因是，我沒有去認真注意身體的感受，或應該說，根本沒有給自己時間去注意，腦袋一團亂，沒辦法冷靜下來好好檢視。

只要整理一下思緒，就會明白這才是找回初衷的方式。就算難以找回初衷，我決定至少要盡量讓自己越接近初心越好。透過這段休息的時間我才體悟到，**原來稍微停下來一陣子，也不會出什麼大事**，所以之後每當我感到不好受時，也不吝於讓自己休息。

只埋頭工作，心靈上會變得輕鬆，因為不需要煩惱太多事情，只要照著慣性工作，日復一日過著反覆的生活就好，也不會刻意去期盼什麼未來，對其他事物也不抱期待。但是，人類通常都是在迫切期望某項事物時，腦中才會蹦出好點子，讓你的眼界大開。

你在害怕什麼？
休息一下子，會失去很多事情嗎？
你有沒有想過，
你現在才在失去更重要的事物？

害怕失去工作、社會地位或金錢，是理所當然的，這些全都是生活中必要又重要的東西。但是，如果自己的人生不能由自己主宰，那什麼事情都做不成。

我這邊說的休息，並不是要你什麼都不做、直接擺爛。在感到難受的時候，我們該做的不是去聽好聽的話、只讀安慰人的文字，這種精神勝利法沒有什麼益處；我希望你可以運用這段休息的時間，客觀的檢視自己。

8 家人的意見，選擇性聆聽

自己描繪出「結婚」的現實該是什麼樣子，
最後該決定並承受那個現實的人，
不是別人，是自己。

有些人雖然想結婚，卻因為結婚對象家境不好、家庭關係複雜而煩惱不已；這時，他們會去詢問家人或周圍朋友的意見。

通常，家人大多會為你設身處地著想，先客觀了解狀況後再給意見。但畢竟是你的家人，你肯定最能了解他們究竟是真的擔心，還是在以自私的角度給建議。

然而，家人以外的人說的話，
要選擇性的聆聽。
人基本上都是自私的，
所以可以輕易談論別人的不幸。
看到別人過得好，也容易眼紅。

當然，那也可能是真心替你煩惱過後，才給出的意見，可是和你分別之後，回到家，還有多少人會替你陷入深深的苦惱之中？

那只不過是在那個場合簡單聽完故事後，當場給出的建議罷了，其他人沒辦法深入了解你的情感或你們兩人的關係，只是單純得知對方父母是怎麼樣的人、家庭狀況如何，聽完後再跟你說：「感覺跟他走下去，你未來會很苦。」

當然，那條路確實可能會很苦，但是，不走上結婚帶來的荊棘路，反而可能招致新的不幸。而且你的這個決定，還可能害自己失去心愛的人。在做決定前，先捫心自問，是否能接受這份不幸吧！**與其受其他人意見左右，應該先把你的思緒理清楚，你們兩個人之間的愛和信賴，是否堅固得足以克服那個人的缺點？**

受他人言語左右，

表示你對自己要做的選擇沒有十足信心。

認真想想，你是否能夠承受選擇的結果？

你的愛是否堅若磐石，足以克服這道難關？

自己選擇自己要走的路，並好好負起責任，即便要吃苦，只要你願意和那個人共度難關，那條路也許就是更好的選擇。關於「結婚」的現實模樣，要由你描繪出來，別忘了，最後要做決定、並承受那個決定的，不是別人，是自己。

9
戀愛重要，職業生涯更重要

最能讓人閃閃發光的，不是外表，是能力。
戀愛經驗很重要，
但不會比我的職業生涯重要。

有些人在愛情和夢想之間徘徊，為此感到煩惱：「如果現在努力為目標衝刺，我就沒時間談戀愛了。但是沒什麼戀愛經驗，缺乏看人的眼光怎麼辦？如果因為這樣而做出不對的選擇，又該怎麼辦？」

在我認識的人當中，也有些人認為眼下的目標更重要，不覺得一定得急著談戀愛，但聽到別人說：「要多和幾個人交往，才會懂得看人。」他們還是會感到煩惱不已。

我年輕的時候也經常告訴別人，要多和不同人交往，戀愛經驗很重要，但是，這絕對不是要你把心思都放在戀愛上，甚至要你放棄未來。

雖然有點極端，但我要舉兩個對比的例子。一個是認真念書或工作，取得一定社會地位的人，另一個則是在社會上沒什麼地位，但談過很多戀愛的人。

很多在社會上受人尊敬、職業令人欽羨的人，把時間花在埋頭苦讀上，沒有談過太多戀愛，但難道這樣就一定會遇到錯的人嗎？當然不完全如此。

相反的，我們經常能看到他們和十分合適的對象結婚，過上美好的婚姻生活，他們到底是怎麼辦到的？

懂得努力不懈、曾達成一定成就的人，
很清楚自己應該和誰交往、該怎麼生活。
絕對不會毫無想法的過日子，
也不會隨便和某個人在一起。

年輕時非常努力達到某種成就的人，他們非常愛自己，不希望被別人影響人生。所以他們不太會把對自己沒有幫助的人留在身邊，論及婚嫁時也會特別考慮現實條件，做出理性的判斷。

相反的，後者過度忠實於自身情感，曾和許多人交往，或是擺在身邊當備胎；總歸一句，就是藕斷絲連，剪不斷理還亂。很多人碰到這種對象，還是執意交往，在一起之後卻成天吵架，就算結了婚，這種問題仍沒有改善。除了單純的愛之外，還參雜了因討厭而產生的情分，或是類似於憐憫的情感。

在這些人看來，他們無法理解前一種類型的人，認為他們太愛算計、斤斤計較，可能也無法理解透過婚友社或相親而促成的感情。但反過來說也一樣，前一種類型的人大概也難以理解後者。

「忙著追逐我的未來，
會不會因為沒有戀愛經驗，
反而踏入錯誤的婚姻？」
別擔心這種事，
談戀愛要有「我」才談得起來，
我自己成功了，才能談場好的戀愛。

年少輕狂時交往的對象，通常都是學生或剛出社會的新鮮人，沒辦法從能力判斷厲不厲害，所以有時候只能靠外表評斷。但是隨著年紀逐漸增長，人們會開始用能力來判斷人。

你所擁有的能力，是最能讓你閃閃發光的資產，因此，為了自己的未來而衝刺，對情場肯定也有利。當然，太極端也不好，我不是要你完全專注在工作上，當愛情絕緣體，如果能夠兩者並行，就再好不過了。

Chapter
4

無論發生什麼衝突，都要講理

即便心情起伏不定，
心也不要變

1 感情用事的人，很難談場舒服的戀愛

感情用事的兩個人，很難談場舒服的戀愛，
想打開走一輩子的關係之門，更是難上加難，
就算只有你一個人，也記得保持理性。

二十歲出頭談的戀愛，很容易忠於情感，等到年紀漸長後，慢慢懂得理性思考，才開始考量現實。我們的戀愛可能會有一些和現實妥協的部分，但又覺得自己變得太過世俗，反而開始想念起那個感情用事的過去。

歷經這段反反覆覆的過程後，理性和感性會漸漸達到一個平衡，談起戀愛

自然更加滿足，這就是成熟戀情的發展過程。

如果兩個人都感情用事，

那不看也知道，

這段戀情最後只會讓雙方遍體鱗傷。

不要讓自己的理智線斷掉，就不會引發太多讓你更辛苦的事情。這就是為什麼，我經常強調要想得現實一點、理性一點，如果只是一味的感情用事，不僅是我，對方也會越來越不好受。

不過，當你越來越能夠以理性看待事情時，也可能會讓對方感到痛苦。這時你可能會問，理性思考不就是為了讓關係更好嗎？為什麼還會讓對方難受？

想像看看，假如你發現你們的關係出了問題、走錯了方向，但兩個人之中只有你一個人看清現實、努力糾正錯誤，另一個人因為無法理解，肯定會感到痛苦。

但即使如此，你還是應該這麼做，即使當下對方會因而感到難受，我們仍應該把眼光放得長遠，期待對方也能為了你而看清現實。

戀愛過程讓你很辛苦嗎？
那就想一想，你是不是感情用事的類型？
如果答案是肯定的，請先練習理性思考。

當然，任誰都很難從一開始就用理性思考，畢竟情感爆發時就有如海嘯一般，只有在幾段關係中嚐到失敗的滋味後，才會從中悟出理性思考的方法。就隨著自己情感的流向，親自去闖、去體驗失敗的滋味，這麼一來，你就會明白「感情用事也不能解決問題」的道理。

當然，我很清楚人很難在短時間內變得理性。如果有幸遇到和你的情感起伏非常契合的人，自然是再開心不過，暗自心想：「現實問題等時間一過，自然就會迎刃而解了吧！」然後顧著享受當下的快樂。

但最終你將明白，**同樣感情用事的兩個人，很難談場舒服的戀愛，想和對方走一輩子，更是難上加難**。所以，就算你現在是單身，也要好好練習保持理性的方法。

2 吵架了，最能看出彼此合不合

不管因為什麼原因吵架了，
一方搞失蹤，另一方急得跳腳。
這樣的相處方式，有可能在一夕之間改變嗎？

很多人和交往對象的吵架方式完全相反，如此兩極化的人相遇之後，問題就更大了。首先，有的人吵架時不太愛說話，把委屈都往肚子裡吞，這種類型的人在吵架之後，會搞失蹤一段時間，因為他們需要自己沉澱情緒。面對這樣的人，你必須耐心等待一陣子，給他們一點時間，之後再重新溝通。

相反的，有些人非常受不了這種突然失聯的戲碼，一遇到就急得跳腳。這種人認為，吵架後得當場把話說清楚，最好還能和好如初，心裡才舒坦。這兩種人吵起架來，後者容易說出類似「為什麼不把我的話當一回事？」、「為什麼不接電話？」的臺詞，咄咄逼人。

意見不合，雙方釋放情緒的方式也不合，
只會越吵越凶，形成惡性循環，
這時，你可能很難一下得到結論。
但如果爭吵過一、兩次，
發現對方和自己實在非常不合，
我認為就該到此為止。
一百八十度相反的個性，一夕之間可能改變嗎？

剛開始談戀愛的情侶中，一定有過這樣的狀況：不管因為什麼原因吵起來，其中一方沒有任何交代就失聯，另一方急得跳腳。和好以後，受不了對方搞失蹤的那一方，一定會開口說：「下次再有這種事情，一定要馬上聯絡，用說的解決，我真的很討厭別人這樣。」

但是人的個性不會輕易改變，這次這樣做，下次肯定還會再發生，又惹對方生氣：「上次吵架時，你明明答應我不會再搞失蹤了！」反覆幾次之後，對方也會爆發，吼道：「我說過了，我需要時間！」

個性不會在一夕之間突然改變，
總歸一句，就是在浪費時間，
與其改變他，分手比較快。

如果不想分手，那就乾脆放棄改善情況，接受現實，不然乾脆不要吵架。年紀漸長後，就會發現吵架實在很沒有意義，大概是因為已經經歷過很多次了，明白就算大吼大叫也不會改變什麼吧！

但是，在現實生活中實在很難不爭吵。說到底，最理想的解決辦法，還是兩個人一起尋找化解衝突的成熟方式，認知到自己的個性就是這樣，而對方的個性就是那樣，兩個人一起練習如何接受彼此。

3 他迅速道歉，不代表你贏了

在認真回想自己做錯什麼以前，
為了讓交往對象氣消，
很多人幾乎像是反射動作一般，
不管三七二十一，先道歉再說。
等對方氣消後，
自己做錯的事情馬上忘得一乾二淨。

交往中的對方如果做錯事，你會怎麼做？很多人會針對這個問題好好溝通，或是試圖改變對方的想法。

正常來說，大家都不想吵架，想要用溝通解決問題，但有時候火氣上來了，就會說出一些比較惡意的話，像是：「我真的搞不懂你為什麼要這樣？」、「我跟你說過很多次了吧？」、「你以後還要繼續這樣嗎？」

至於對方，尤其很多男生不想吵架，只想趕快化解冷冰冰的氛圍，所以不管三七二十一，決定先道歉再說：「對不起，下次不會再這樣了。」

因為對方道歉了，所以這次就先這樣算了，但結果到了下次，還是反覆同樣的錯誤。

為什麼會發生這種事？背後的問題在於，**對方可以認知到自己究竟做錯什麼的時間太短了**。

在認真回想自己做錯什麼以前，為了讓交往對象氣消，幾乎像反射動作一樣立馬道歉，但等到對方氣消之後，自己做錯的事情馬上又忘得一乾二淨。

沒有反省和自我省察的時間，

反覆同樣錯誤的機率自然增加。

每次都道歉，卻還是犯下同樣的錯。

那麼該怎麼辦？我會建議，對方做錯事情時，就少說些話吧！生氣的時候，你的表情或態度一定會有所改變，對方就算不知道自己做錯了什麼，大概也會發現哪裡不太對勁。他可能會問：「我做錯什麼了嗎？」但即便如此，也不要告訴他；這不是要你什麼都不說、和他冷戰，而是不要太輕易就告訴他正確答案。

比方說，就算你表現出生氣的模樣，也不要直接告訴他原因。不知道對方在想什麼時，會感到非常害怕，這和過去表現出的冰冷態度不同，卻又不說明為什麼，那段時間肯定會讓人感到十分難熬。然後，當你發現對方為了尋找答案真心努力時，再告訴他正確原因就可以了。

當然，如果對方的直覺較敏銳、懂得察言觀色，就會明白自己做錯了什麼，這樣當然最好。而且，為了不要再經歷這種令人難受的過程，他會更加努力改善讓你不開心的那件事。

迅速得到道歉，並不代表你贏了。
如果省略了過程，結果你什麼也改變不了。
給對方思考的時間，好好想想之前的事情，
推敲自己究竟做錯了什麼，
這樣，他才有自我反省並改善的機會。

要是都這麼做了，對方也不努力尋找自己做錯什麼，反覆犯下同樣的錯，這時就可以直接說出來。如果是第一次犯錯，就給他好好思考的機會，如果同樣的錯犯了第二遍，就告訴他：「我什麼話都不告訴你的時候，就是我開始放棄你的時候。我會說這樣的話，是因為我希望彼此可以互相配合、越來越好。人人都可能犯錯，但是同樣的事情如果反覆錯了三次，我就當作你不想和我互相配合了。」

如果他還是犯了第三次？那就斬斷這段緣分吧！

4 三種無法長久的關係

結束一段關係並不是簡單的事，但正因為不簡單，所以現在我要講的內容非常重要，在一段關係越來越認真之前，一定要仔細檢視。

和一個人的感情越來越認真之前，有三件事情一定要了解，如果你的戀情符合以下任何一項，我希望你可以再好好考慮看看。

不過，就算我這麼說，對方要是符合以下其中一樣特徵，能夠下定決心分手的人一定不多，畢竟，要結束一段關係就是如此不容易。但反過來想，就是因為不容易，所以我現在要講的內容更是重要。

在你們的感情越來越深之前，請好好檢視以下三點：

．想要對方道歉的女生，不想道歉的男生

某個節目中播放了一對夫妻的日常生活片段，在家裡，妻子經常嘮叨：「吃完東西就應該馬上收拾啊！」、「切菜為什麼這樣拿刀？」丈夫則不道歉，只是嚷嚷著自己為什麼不得不這樣的藉口。看到這種反應，妻子繼續叨念，而丈夫實在忍不住，也丟出「你看到廁所衛生紙用完了，為什麼不換一下？」來回擊。這大概是大部分夫妻都會經歷的日常。

在我家，老婆上完洗手間後常常忘記關燈，我也曾要她記得關燈，但這些行動都是長久以來的身體記憶，很難一下子改過來。如果老婆下一次還是重複同樣的失誤，我不會刻意去唸她，而是等到過了一個月後，她如果還是反覆這樣做，我才會再講。

這時重要的是，不要用「我不是跟你說過了嗎？」當開場白，因為用這樣的方式開啟對話，對方就只能回答「對不起」。與其給對方這樣的負擔，只要像一開始一樣，說：「去完洗手間記得關燈啊！」讓對方回答「知道了」就好。**不要執著於道不道歉，關係才能圓滿。**

有些男生不願意道歉，
有些女生則非常希望聽到「對不起」；
因此，這種女生要和不吝於說抱歉的男生交往，
這種男生則要和不執著於聽到「對不起」的女生交往。
所有的不合，都起源於微不足道的小事。

・你需要對方嗎？

你是否需要對方？對方是否也能感受到你的「必要性」？

這裡所說的必要性，指的不是物質上的需求。如果兩個人之中，有一個人感覺到「就算沒有這個人，也不會有太大的問題」，或是認為和這個人很難再走下去，那對方的必要性就消失了。

我們對情人的不滿，通常和交往時間成正比，隨著時間流逝，多少會累積一些不滿之處，等到忍不住的時候就會爆發。不過，要去改變一個人真的很難，所以在認真和對方發展之前，要好好想一想是不是「非這個人不可」。

・這個人是否沉陷在酒精和遊戲裡？

尤其在論及婚嫁時，我認為一定要特別注意這點。很多人問，如果只是一個人喝個酒、玩點遊戲，應該沒關係吧？的確，談戀愛時可能沒關係，但是開始一起生活後，你看到他喝酒、玩遊戲的模樣，可能會發現這讓你難以忍受。

一開始你可能會想：「他大概壓力很大吧？這是他的休閒時光，我要體諒他。」但如果這樣的生活持續好幾年，你能夠不感到覺得厭倦嗎？

也有人問：「如果兩個人都喜歡喝酒、打電動，那不就沒差了嗎？」但這也要看情況，就算兩個人都喜歡，一定會有一方更沉迷，倘若看到對方比自己還瘋狂沉迷於酒精和遊戲中，另一半的心情肯定五味雜陳。

再加上，如果有生小孩的計畫，問題就更嚴重了。女生再怎麼喜歡喝酒，如果打算生小孩或有了小孩，就不能恣意飲酒，這時看到每天都醉醺醺的丈夫，妻子會怎麼想？看著丈夫只顧著打遊戲，把育兒拋諸腦後，她能夠理解嗎？

因為酒精和遊戲的成癮性很高，要戒掉也很難，所以最好打從一開始就不要和這樣的人交往。當下你一定不覺得這是什麼大問題，很難因為這種事情就分手，但隨著你們的關係越來越認真，這個問題哪天一定會浮上檯面。你必須把這點放在心上，好好觀察對方。

假如在這三件事之中，你的對象符合其中一項，我會勸你不要和對方發展到太認真的階段，論及婚嫁時更是如此，必須慎重考慮。當然，人可以改掉壞習慣，也有辦法改變，但如果都已經在準備結婚了，卻還是改不掉的話，你可不要以為結了婚就會改。

遇上這樣的問題，與其去改變對方，不如自己下定決心，果斷分手。

因為對方道歉，所以這次就算了。
但結果下次還是犯了同樣的錯誤，
為什麼會這樣？

問題在於，
對方來不及認知到自己究竟做錯了什麼。
請給他明白自己做錯什麼的機會。

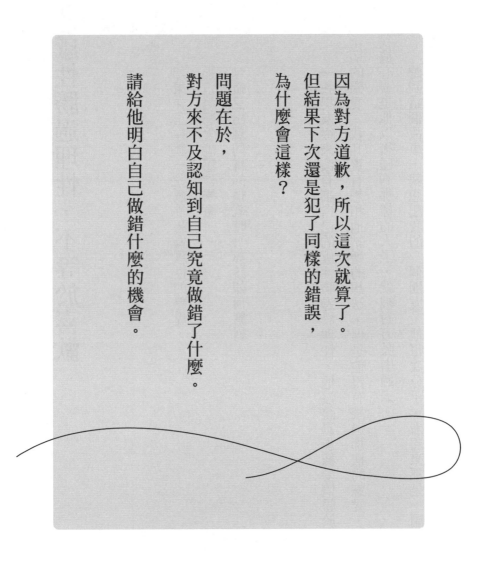

5 感性勝過理性，不等於喜歡

如果你正在談一段感性勝過理性的戀愛，
那這場戀愛能讓你學會，
今後又出現同樣的情感時，你該如何應對。

「我男友從來沒有讓自己的感性勝過於理性，他沒談過那種愛情勝於一切的戀愛。我其實有想和他結婚的想法，但是他沒有談過那樣的戀愛，我擔心要是他以後碰到那樣的人了，就被對方吸引過去。」

聽到這個故事，我想起我的一個朋友。他每次分手，看起來都是一副若無其事的樣子，就算試圖安慰他，他也只會說：「分手就分手了，沒關係啦。」

每一段感情結束後，他都像是沒有情感的機器人一樣，有一次我問他，他究竟為什麼能夠表現得如此泰然，他則回答：「我更不能理解分手之後說自己很難過的人，談戀愛總有一天會分手，這不是很自然的嗎？」

不知道是不是因為他抱持著這種想法，談戀愛的時候總是不長。

不過，後來他竟然和某個對象交往將近兩年，令我很驚訝，那時，我試探性的問他：「這次維持比較久哦？」

他則給了一個讓人出乎意料的回應：「現在的女朋友好像跟其他人不太一樣。」

但不久後，他打電話給我，告訴我他跟女友分手了，聊了好一陣子，說他有多麼難受，問我該怎麼辦。其實，雖然朋友心中很難受，我內心卻感到有些慶幸。

如果你的戀愛總是感性重於理性，
那今後又出現同樣的情感時，
你將學會該如何應對。
要是你在婚前都不曾有過類似經驗，
然後碰到一個讓你產生深刻情感的人，
那時真的會很危險。

再回到前面的案例，我們無法預測男方結婚後會不會再遇到另一個人，勾起他驚濤駭浪般的情感。然而，萬一真的有這種事情發生，經歷過和沒經歷過類似情感的人，他們的處理方式一定完全不同。

有這種經驗的人，因為明白再強烈的情感都會隨時間慢慢冷卻，所以懂得做出明智的選擇，也可能已經學到該如何控制情感。相反的，初次經歷那種情感的人，很可能就此一蹶不振。

你更喜歡那個男生，真的沒關係嗎？

你可以一輩子承受這樣的關係嗎？

如果不行，就給那個男生多一些體驗的機會吧！

其實**「感性戰勝理性」**不一定**代表你真的非常喜歡那個人；同理，就算理性能夠支配感性，也不代表你不喜歡對方**。但如果像案例中的男生一樣，從來沒有談過感性戰勝理性的戀愛，我們就很難對他和你的感情抱持百分之百的信心，尤其，如果都已經論及婚嫁，最好讓彼此多累積豐富的情感交流經驗。

6 個性相異的情侶，更能互補

如果個性相同，
就很難用不一樣的視角看事情，
做重要決定時反而容易遇到困難。

和個性相似或相異的人交往，各有其優缺點。

和個性相似的人在一起，能產生深度共鳴，但是如果和自己有一樣的缺點，反而更難忍受。相反的，如果個性相異，人都會去羨慕他人擁有、自己缺乏的東西，因此覺得對方很有魅力；但同時，因為彼此如此相反，也會有很多無法理解之處。

其實談戀愛時，無論是哪種類型，相處起來差異都沒有那麼大。就算因為彼此相同或相異而爭吵，也不會對生活造成嚴重影響。

但如果是以結婚為前提交往，我認為還是後者的相處模式比較好。結婚後，會碰到非常多現實層面的事情，比如要換車、買房子、搬家等，如果有了子女，教養也會是問題，但是如果個性相同，就很難用不一樣的視角看待，所以在下重要決定時，可能會遇到困難。

如果兩個人都很消極又猶豫不決，
就無法好好解決現實層面的問題，
導致兩人錯過好時機。

舉例來說，夫妻之間經常爭執的話題之一是房地產。有些夫妻在房價上漲以前，就有其中一方非常有魄力、具決斷性，果斷決定買房，現在房價上漲，覺得當初真是做對了決定；相反的，也有夫妻是其中一方個性太過謹慎，反對買房，導致錯過買房時機。

這只是其中一種例子，夫妻之間會有很多諸如此類的問題，所以性格相異的話，某種程度上才能互補。舉例來說，當有魄力、願意冒險的一方要做下錯誤決定時，另一方也可以阻止他。

當然，我不是說個性不一樣，就會一帆風順。如果兩人性格迥異，但完全沒辦法妥協的話，那也沒有用。兩個人都固執己見，可能每天吵著吵著就分手了。兩人必須站在各自的立場，用有條理的方式好好說明，如果只是不分青紅皂白的堅持己見，一定談不出個結果。

看看那個人懂不懂得變通，
如果個性相異，但不知變通、不懂得體貼，

那反而是最糟糕的對象。

說到底，比起兩個個性一模一樣的人，有一點不同、能站在不一樣的視角看待問題，並誠心誠意說服對方、達成協議的關係是最好的。如果太過一致，例如兩人都習慣領導他人，或是都很消極，也會引發問題。

正是因為個性不同，所以可以用不同的視角看這個世界，若能夠共享兩人的視角，藉此一同成長，那你們將成為最理想的神仙眷侶。

7 再怎麼要小聰明，女生都看得到

你得好好想一想，
喜歡對方的心意，
能夠和現在不舒服的感覺互相抵銷嗎？

「我想跟別人買二手商品，所以用私訊詢問了一下，但因為賣家是女生，女友不太開心。我完全不能理解。」

遇到這種問題，最輕鬆的解決辦法就擺在眼前——不要去買就好了。

為什麼？因為女朋友不高興，當然不要買！

「我去給女設計師剪頭髮，她也不能接受，我還為此換掉本來常去的髮廊。」這樣的情況也是同理，如果女友說不喜歡，就去給男設計師弄頭髮就好了。

看到這裡，一定有人會想：「這樣是不是太站在女生那一邊了？」那我們這麼想想看吧：男生討厭女朋友去夜店的最大理由，不是因為不相信女朋友，是因為不相信其他男人。與其說他們擔心女朋友會對其他人產生興趣，他們其實是擔心周圍的男生去接近女友。但女生就有點不一樣了。

在這個案例中，女方非常討厭自己男朋友和別的女生聊天，我心想，她可能不太信任男方。

因此，我問當事人，他當初是怎麼和女朋友在一起的，他回答：「其實是在 Instagram 上認識的。」

原來，他會在 Instagram 上傳自己運動的日常照片，某天偶然看到女方的帳號，主動私訊對方，後來就這麼交往了。雖然這個從相識到交往的過程，感覺沒遇到什麼波折，但女生大概會下意識的認為：「男友會隨意接近不認識的人。」就像他當初主動接近素未謀面的自己一樣，她應該認為男朋友也可能這樣子對待其他女生，所以才抱持著警戒心。

既然如此，這就不能說是女方的問題了，男方應該要先檢視自己的行為舉止。

當然，我不是說女友做的都對。在一段感情之中，如果不斷去管束、懷疑對方，既不理想，也會害對方感到很難受。不過，你得好好想一想，喜歡對方的心意，能夠和現在不舒服的感覺互相抵銷嗎？如果超過了你心中的標準，那你總有一天會爆發，那時就只能以分手作結。然而，在超過你的標準值之前，就只能承受，因為你還是喜歡對方。

不過，我希望你至少記住這一點，不要耍小聰明，只要如實展現出自己本來的樣子就好。

要是你曾和女友以外的其他女生保持聯絡，甚至約出來見面，就算你再怎麼耍小聰明，女生眼裡都看得到。如果哪天某件很關鍵的事情被她發現，信任就破裂了，假如你和異性朋友有聯絡，不如乾脆誠實以告，選擇說出真相，而不是耍小聰明，這才是獲得對方信賴的捷徑。

如果你不想要破壞關係，就檢視一下自己的行為舉止，用真誠的態度回應女友的要求吧！

8 別翻舊帳

女生吵架時會想：

「如果把以前類似的事情拿出來講，

對方會不會更能同理我的感受？會不會更理解我？」

有演化生物學學者表示，女性在情感層面，比男性更擅長記住細節。因此，很多讓人不是滋味的事情或話語，就算過了三年，許多女生仍然不會忘記，甚至連日期都記得一清二楚。

如果是男生自己也沒發現的事情，可以說：「原來是這樣啊！我會努力不要再這樣子做，對不起。」藉由道歉來收拾局面；但是，假如吵到一半，在兩方都很激動的情況下翻出舊帳，男生可能很難接受，忍不住回應：「都已經是過去的事情了，為什麼現在要講這個？」使得爭執越演越烈，或是男方也開始翻舊帳，情況惡化得一發不可收拾。

聊著曾經發生過、讓自己不是滋味的事情，
不知不覺間，就演變成算帳大會，
甚至兩人都開始詛咒彼此。

一開始，女方會把過去的事情拿出來講，並非抱持著惡意，只是心想：「既然都變成這樣了，如果把我以前類似的事情拿出來講，對方會不會更能同理我的感受？會不會更理解我？」

但男生不一樣，通常會認為過去的事情就讓它過去。因此，事情發展和女生所想的不同，男方反而會認為她是在找架吵，誤以為她一直把過去的事情放在心上、討厭著自己。他也可能會感到自責，認為自己原來是一個讓女朋友難過的人。

你可能會問，不能攤開來好好說清楚就好了嗎？如果不說，男生永遠不會知道，不是嗎？但是，說與不說本身不是問題，但是說得含糊不清，男生可能會誤會，所以如果想要認真拿出來討論的話，就要說得清楚一點。你要讓對方知道，你不是沒事找碴，只是希望他可以同理自己、理解自己。

如果他是個成熟的男生，他會試圖去傾聽、去理解你，對於自己愛的人，任誰都只想對對方好，想讓對方看到自己好的一面。如果女生說出她感到難過的地方，一般人大多會去接受，而不是打從一開始就在找架吵。

已經談過的事情，反覆說了又說，

任誰都有可能會達到極限。
別忙著一天到晚翻舊帳，
反而錯過了當下的你們。

這裡有件事別誤會了，雖然我說女生通常比較會翻舊帳，但這不代表男生完全不會。我年少輕狂、沒什麼戀愛經驗時，也曾為了獲得對方的關心，把以前難過的地方拿出來講。

假如和另一半吵架時，對象經常翻舊帳，那你可能必須重新考慮是否要繼續相處下去，因為這類問題不會突然間結束，很可能每一次吵架都會不斷反覆發生。

只要理性一點，就不會有難受的事情。
這就是為什麼，
我經常強調談戀愛要現實一點。
反過來說，如果只是一味的感情用事，
不僅是自己，對方也會很難受。

9 分手了，花一星期療傷就好

想像看看，一個星期足不出戶，
什麼也不做，只用來感受悲傷，
那一星期其實是非常漫長的時光。

「我被交往三年的對象甩了，到現在已經過了九個月，我至今都無法忘懷，非常難過。」

有一個深受過去影響、遲遲無法邁步向前的人問我：為什麼愛情會褪色？和交往對象分手後，就算已經整理好心情了，還是會突然流淚；每次聽到分手情歌，都覺得好像是在唱自己的故事，工作時也無法專心。有過分手經驗的人，大概都能對這些描述產生共鳴。

但聽到他這麼說，我想反問，二十歲出頭時遇到的對象，你會期待和他共度一輩子嗎？甚至有人比他更嚴重，經過五、六年還是忘不了，依然很難過。這些人心裡的某個角落，通常抱持著這樣的想法：「我是如此的愛你，你不可能再找到像我一樣愛你的人。」

無法邁向新階段，只是被束縛在過去，卻又把自己包裝成浪漫的人。不好意思，這不是浪漫，只是搞不清楚而已。如果是一個懂得充實自己人生的正常人，卻長久以來都忘不掉某個人，這不是自相矛盾嗎？

有人會說，說這種話太無情了吧！難道你真的能夠一刀兩斷、說分手就分手嗎？當然，我也是人，分手後也很難專心工作，但我仍然只難過一個星期，就拍拍屁股振作起來。

你覺得一星期很短嗎？想像看看，假如一個星期都足不出戶，什麼也不做，只用來感受悲傷的情緒，其實，那一星期是非常漫長的時光。

如果你需要一個月的時間來修復自己，那就盡情的難過吧！如果什麼都做不了，就什麼都不要做，先躺著，或是整個月天天買醉，盡情哭喊。這麼一來，你大概會突然意識到：「我現在到底在做什麼？」但是，如果需要比一個月還長的時間，我認為就是奢侈了。

冷靜一點想想，
究竟是因為眼淚不停掉下來，才無法工作，
還是因為不想工作，所以掉眼淚。

分手後的難過時光，人人都會經歷。如果跟要好的同事訴苦，頭一、兩回他還會傾聽，也會同理你的心情。但是到了隔天，不，一離開公司之後，他大概壓根兒不會再想起關於你的事情。也許對你而言，這是天大的事情，但在他人眼裡，這不過是別人的私事罷了，分手不能成為上班族無法專心工作的正當理由。

如果有一名上班族因為分了手很難過，就擅自離開崗位，或無法專注在工作上，不僅會毀壞自己的形象、達不到工作成效，也會為別人添麻煩。人類是很奸詐的動物，撇開異性問題，從整體人生角度而言，第一順位永遠是自己。人類對於他人的問題則沒有那麼寬容，職場上更是如此。

分手後的難過心情，
別表現給其他人看。
如果你不是年紀還輕，
就要懂得公私分明。
別把失戀當成藉口，自我合理化。

別人可以替你做的，頂多就是安慰你、同理你的心情、給予現實上的建議，沒辦法為你做到更多，這世上也沒有人能夠代替你克服悲傷。

「誰會明白我現在的心情？」這樣的想法只會讓自己更加難受。別人對你的戀情沒那麼感興趣，他們感受到的肯定不及你心情的四分之一。你難過的時間越久，大家只會覺得你很不懂事，心想：「都幾歲了，還為了感情問題在職場上這樣子。」

如果你表現出很難過的模樣，那表示你的形象已經受損了。既然事情已經發生，那也沒辦法，你現在只能早日振作起來，回歸日常生活。

10 因為分不了手，所以還談著的戀愛

適婚期談戀愛，
大致上可以分為兩種——
一種是以結婚為前提，談著最後一場戀愛；
另一種是因為分不了手，所以還談著的戀愛。

「我們都是三十歲出頭，已經在一起兩年多。我們都很重視工作，所以目前還沒有結婚的念頭。雖然交往上很順利，我也不是不相信男友，但是周圍的人都跟我說：『如果男朋友真的喜歡你，他就會想娶你，而不是

這樣對你。』聽了這樣的話，我不禁感到有點擔心。」

這是某位女性讀者和我分享的煩惱，乍聽之下會覺得，既然兩個人談過了，那她為什麼還要擔心？但其實她的擔憂，與其說是因他人意見而引起的，更有可能是她本身的問題。在她內心深處的某個角落，其實有個疑問正在發酵；男朋友還沒準備好要結婚，她其實感覺到有些負擔，而且對於這份責任感也感到壓迫。

從這幾個部分來看，男生應該不是因為想專注在工作才這麼說，而是還沒準備好要結婚。依據我的經驗，如果是經濟方面準備充裕的男生，通常不會說「想專注在工作上」，這大多都是藉口。

觀察我身邊三十多歲的人，認為自己經濟方面準備已經很充足的人，其實非常罕見。他們之中有些人說自己不打算結婚，有些人說結婚還是要看你有沒有下定決心，也有人明白，如果不鼓起勇氣做出決定，未來也很難結婚，因此，即使目前金錢上沒有那麼充裕，還是選擇先結婚。當然，這個選擇並不容易。

如果問年齡已在適婚期的人為什麼要談戀愛，理由有百百種，但大致上仍可以區分為這兩大類：**一種是以結婚為前提，談著最後一場戀愛；另一種是因為分不了手，所以還談著的戀愛。**

說起結婚，好像還太遠了，

你只是漫無目的的談著戀愛嗎？

你沒有任何想法，只是隨波逐流嗎？

很多人在現實層面什麼都還沒準備好，即使他比誰都還要明白自己的處境，但仍舊不設法改變。這種人就算談了戀愛，大概也找不到應該更加成長的動機。雖然交往前為了征服對方的心，努力用盡心思，但是當對方真的變成交往對象、「得手」之後，就覺得自己對他好就夠了，不會想著自己也該成長。

分明沒有和現在交往對象結婚的念頭，但是因為害怕分手後就得自己一個人，很多人因為這樣而在現在的關係中硬撐著。又或者，雖然看不見未來，但因為這個人喜歡我，所以就和他在一起，比起沒有對象，至少有個人在我身邊，總是比較好吧？他們認為沒必要刻意趕走對方。

無論和誰交往、談著什麼樣的戀愛，從決定締結關係的那一刻開始，就該對這段戀情負責。有一天，需要下定決心的時刻將到來，很多人決定走向人生的新篇章，也許是結婚、也許是生子，他們鼓起勇氣邁步向前。相反的，安於現狀的人則會在關鍵時刻到來時選擇逃避。

好好想想自己為什麼總是迴避吧！是因為還沒準備好，還是不確定對方是否就是「那個人」？為什麼你會這麼不確定？緊抓每一個想法的尾巴，最後一定會看見真正的原因。

做出決定、替自己的選擇負責，
這樣的責任或許可以逃避一、兩次，
但在你反覆逃避的同時，歲月無情流逝，
到了來不及才感到空虛，為時已晚。

在人生缺乏成就感的情況下，你是不是更害怕情感上依賴的那個人也消失不見，所以才繼續交往？如果是的話，就必須二選一了。要不現在馬上振作起來，一邊談戀愛、一邊持續做未來的準備，不然，就得明白這段關係總有一天會結束。雖然現在還可以逃避，但之後必定會面臨二選一的問題。

你現在要做什麼選擇，答案就在你身上了。

11 當愛情失去熱度，別衝動結婚

為了逃避失去熱度的愛情，
或挽回對方已經飄離的心，
衝動結婚是很危險的事。

如果你談了一場幾年的戀愛，那應該已經有過很多爭吵的經驗。從爭吵到和解，通常花了多少時間呢？一個小時？半天？一天？每個人的答案都不一樣。無論花了多久，吵架又和好，反覆許多次之後，總會有一次是怎麼做都無法修復的。

在那之前就算吵架，還是能夠再次和解，所以繼續交往。但是可能某一天，就算試著主動示好，對方也不接受，或是對方向我道歉，我卻不想原諒。在這個時候，你們的關係就結束了。

關係出了問題，
如果你誤以為只要結婚就能解決，
只是害自己陷入更可怕的噩夢之中。

想像一下，談戀愛時就算因為雞毛蒜皮的小事吵架，也很快就和好了，但結了婚之後，不知從何時開始，和好需要的時間越來越長；以前只需要一個小時就能解決的問題，過了好幾天都沒能達成共識。然後，一天變成一個星期、一個月，最後兩人選擇分房睡。

不覺得很可怕嗎？即使談戀愛時覺得分手很痛苦，但只要兩個人一分開，一切就結束了。又不是把兩家的親朋好友都叫來，在他們面前許下山盟海誓，也沒有孩子，但結婚就完全不同了。

當情緒變得激昂、覺得對方做什麼都不順眼時，想要消除那股情緒，還需要一點「情人眼裡出西施」的魔法。但是，已經交往這麼久了，以前因為喜歡而忽略的缺點，現在卻能很容易的看清。

雖然不代表認識時間久了就一定會這樣，但關係肯定會有所改變，身為當事人的你一定最清楚。

沒有什麼比想逃避失去熱度的愛情，

或為了挽回對方已經飄離的心，

臨時起意決定結婚還要危險的事了。

雖然那股情人眼裡出西施的魔法，不知道什麼時候會消失，但你可以努力不讓它太快消失。

如果你主動要求和好時，對方不接受，這個問題靠自己也沒辦法解決；但是，至少我可以下定決心，只要對方願意和好，我一定無條件接受。在趕著結婚之前，請先練習怎麼讓自己保持喜歡和包容的心。

最重要的是，你必須明白，結婚不能解決現在的問題，反倒可能讓狀況變得更糟糕。

Chapter

5

最好的一段關係，從現在開始

那個總是站在你那邊、

讓你也想跟著一起努力的人

1 人生中最重要的福氣，是配偶

選擇可以互相配合、總是站在我這邊，
又懂得控制慾望的對象，
同時，你也要努力成為那樣的人。

我在前言提到，有一段改變我命運的故事。在結婚之前，我和高中老師見了面。老師問我：「你知道人生中最重要的福氣是什麼嗎？」當下我只想起韓國人常說的五福（按：長壽、富裕、康寧、好善、盡天命），但還是回答「不知道」，結果，老師的回答很令人意外。

「人生中最重要的福氣，一定是配偶。」他這麼說。

老師補充道，碰到什麼樣的配偶，會改變一個人的命運。我問他為什麼，他說因為他看到太多人在結了婚以後，人生卻變得不幸。這麼一想，我的確看過滿多婚後變得不幸的人，所以更加仔細傾聽老師想說的話。

接下來我要說的，對還沒到考慮結婚年紀的人，可能很難產生共鳴，但其實這些事情也可以應用在戀愛上，所以我希望你也能多多留意。老師要我記得，能夠讓婚姻生活幸福的三件事：

‧互相配合

很多人都會提到這一點的重要性，而這邊指的，是和彼此在生活上互相配合的意志力。只要擁有那種意志力，不管碰到什麼考驗和磨難，都願意和彼此互相協調，就能夠戰勝任何人生的難關。

・總是站在另一半那邊

總有一天會碰到父母和配偶不合的情況，老師說，這時要站在配偶的那一邊。他說，就算爭吵的起因不單純是婆媳問題，只要你也在場，就要站在配偶那一邊。我本來心想：「有必要做到這個程度嗎？」但聽了原因後，我就能夠理解了。

我們和父母雖然有血緣關係，但結婚這檔事，卻是和一個陌生人一起走下去。只要另外去說服父母，通常他們都能夠理解子女，但是走偏了的夫妻關係卻很難再挽回。因此，假如爭吵的當下你也在場，一定要站在另一半那邊。

・控制慾望

老師再三強調，結婚以後，要把其他人當成石頭看待，這可能比你想像中還要難。

夫妻兩人的生活差異有多大，取決於他們對慾望的處理態度。有些人在婚後，還是向自己的慾望投降，誤入歧途；有些人無論面臨多少誘惑仍不屈服，滿足於家庭生活。

他告訴我，**當我們戰勝不了人類本能、自甘墮落的瞬間，就很容易把和配偶在一起的日子當成不幸，錯把滿足慾望當作幸福**，殊不知這明明是自己對生活感到厭煩、無法節制所造成的。

然而，當時間流逝，我們回首過去時，會發現以前認為無趣的生活，其實就是幸福。長久以來忠於家庭生活，有時不禁懷疑這樣真就的是幸福嗎？到後來才明白，過著沒有衝突、只有理解的簡單日子，那其實就是幸福真正的樣貌。

嚐到一點甜頭之後，
就想追求更多、嘗試更刺激的事情，

這是人類的本能。
但這會導致關係破裂、無法修復，
如果不把這件事銘記在心，
你什麼都無法留在身邊。

聽了老師的話後，這段時間一直理不清楚的情感，似乎突然被整理得一清二楚。

我們要選擇的對象，要擁有互相配合的意志力、總是能站在我這邊，又懂得控制自己的慾望，而我也要努力成為那樣的人。如此一來，好的關係便能持續下去，進而改變自己的命運。

2 工作愛情兩得意，真的不容易

如果無法同時兼顧多件事情，就別想魚與熊掌兼得。
在還沒準備好的時候貿然進行太多計畫，
結果不可能十全十美，只會感到更加挫折。

事業愛情兩得意，是每個人最大的期望，但是要實際做到這件事真的不容易。

有一個我認識的人，之前想準備考研究所，同時也在做生意，又想好好談戀愛，結果一下全搞砸了，讓他感到很挫折。我跟他說，請他先想一想當下最想要的是什麼，然後專心在那件事上面。

聽我這麼講，他有點委屈的說：「別人都可以同時進行好幾件事情，談戀愛也談得很順利，為什麼我就不行呢？」

然後，他開始在其他地方找原因：「可能是因為那個人長得比較好看，或是因為他家裡有錢，才可以這樣吧？」

當然，你身邊可能也有很多事業得意，感情也十分順利的人生勝利組，但我們不知道那個人做了什麼樣的努力。他現在身處的人生階段，可能讓他集中精力在工作上，但因為心態比較穩定，所以談戀愛也沒有太大問題；此外，也可能是從外表看不出來的其他理由，所以我們不應該只從外在看到的條件來判斷，更應該尋找根本原因。

像我認識的這個朋友，他的問題在於他想做的幾件事情中，沒有一件事情是穩定的。在什麼都沒有的狀況下，卻什麼都想做到好，怎麼可能同時兼顧？

你本來想全部一次做到好，卻失敗了嗎？
那表示你的CPU不夠兼顧所有事情。
先擴充你的CPU容量，好好專注在自己的生活上，
再來考慮談戀愛吧！

談了戀愛之後，對方會觀察關於你的每一個面向，如果在觀察過後選擇分開，代表我看起來令人擔心、不夠穩定。因此，假如希望未來的戀愛也能順利發展，現在該去解決的，是關於自己本身的問題。

如果沒辦法同時兼顧許多事情，就別想著要魚與熊掌兼得。還沒準備好就貿然進行許多計畫，結果不可能會好，只會更加感到挫折。比別人落後一點也不是問題，就算還沒達到什麼成就、擁有的東西不多，只要目標清楚，努力朝著那份目標前進，那樣的人就不令人擔心，反而給人很安穩的感覺。

你現在的生活，在朝著什麼邁進？
你對目前自己的生活滿意嗎？
現在不是煩惱戀愛的時候，
請先好好思考這些問題的答案。

這麼做之後，你才能找到內心的平靜。如果無法滿足於現在的生活，別人也不會對你感到滿意；因此，請先花時間好好打理自己，這樣才能讓他人認為——你已經準備好去愛人了。

3 害怕跟別人交往？是對自己不夠滿意

害怕再和別人交往？
通常這句話背後的含義，
不是害怕和別人交往，
而是對自己不夠滿意。

因為男女朋友偷吃而分手之後，有些人會說他們再也沒辦法相信其他人，很害怕再和別人交往。雖然他們當下大概是真心的，但是從我過去諮商過的對象中可以觀察到，這樣說的人之中，沒有人的空窗期超過一年，有些甚至不到六個月。

真的下定決心不再戀愛的人，
只會安靜的做自己該做的事、默默的過日子。
不斷在嘴上說自己很害怕、
不敢再去認識新的人，
其實就表示你對談戀愛還是很有興趣，
只是——你其實還沒有準備好。

簡單來說，當某一個人說他害怕再去和別人交往時，他的意思其實是想要認識新的人，但是又怕受傷害。之所以還沒準備好，是因為在現實生活中，他還沒有達成或累積任何東西，也就是說，沒有目標，也沒有意志力，只是每天在原地徘徊。在這種狀態下，如果又談戀愛、又被背叛，不就只是浪費歲月，最後重新回到原點而已嗎？這些人真正害怕的就是這種結果。

假如無關戀愛，自己對生活的各個面向都很滿足，認真工作、累積經歷，錢也存了不少，就沒什麼好怕的了。即使再因為戀情而受傷，我的人生也不過只是少了那個人而已，因此，像以前一樣怕受傷的想法自然會跟著減少。

相反的，什麼都沒準備好的人如果和男女朋友分手，就會覺得少了那個人，彷彿整個人生都塌了下來。其實，這種人不願承認的就是，他不是害怕和別人交往，而是對自己不滿意。

兩人心意相通當然很好，

如果不通，那就算了，

這才是戀愛時該有的基礎心態。

運氣占了我們人生很大一部分，很多乍看之下非常幸福的神仙眷侶，也可能某天突然撕破臉，因為世上可以影響我們的變數實在太多了，當然，談戀愛也必須承擔這些風險。

如果要承擔風險去談戀愛，那有擔保不是很好嗎？簡單的說，就是要有可靠的技能或熟悉的領域，即使哪天對方真的背叛我了，我身邊還會有一定留得下來的東西。得有另一個生活的目標，別虛度了戀愛的時光，如此一來，才能預防不知如何是好又難受的時期，不至於讓精神的根基也被連根拔起。

別太受愛情擺布，認真走出自己的路吧！在那條路上，一定會遇到和你價值觀相符的好對象。

所以，先照你想要的去過你的人生，成為人生的主宰者。先找到自己的定位，愛情才會隨之而來。

嚐到刺激的滋味時，
就想追求更大的刺激，
這是人類的本能。

你一度以為那是幸福，
主動去追尋那條墮落的道路，
但那條道路無法滿足你。

做出抉擇吧！
身邊有如此珍貴的人，
你還要徘徊到什麼時候？

4 不要只關在兩人世界

很多人一談戀愛，就會關在兩人世界，從他的視角看來，只有對方說的話是正確答案，很容易遭到煤氣燈效應控制。

陷入愛情時，通常很難控制自己的感情，整個人變成戀愛腦，很難察覺哪些地方出了錯。但是，假如已經出現過很多次該正視現實的時刻，你卻仍忽略了這些機會，那就是你的過錯了。

有時候，對方犯了無法挽回的錯誤，仍有人難以和對方斷乾淨；也有些人不在乎對方如何對待自己，只要我喜歡，就繼續交往，這在其他人眼中看來，完全無法理解，但為什麼他還是如此不理性的行動？

這樣的人，通常已經被困在「兩人世界」裡了，代表從這個人所看到的視角，只有對方才是正確答案，所以很容易遭到煤氣燈效應（按：gaslighting，讓對方自我懷疑的心理操縱方式）控制。雖然他們也會和周圍的人分享當下的煩惱，卻不願意聆聽他人的建議。明明最後都要隨心所欲了，何必還向別人諮商呢？不如自己煩惱就好了。

當你盲目相信「他不是這種人」的時候，你的人生就開始走偏。你是那種一旦愛上，就被迷得天旋地轉的類型嗎？其實，那就是搞砸人生的捷徑。身體和心靈這麼衰竭下去，六個月、一年一下子就過去了。

即使身旁的人告訴你真相，你還是想照著自己的心意去做，明明給你忠告的人不只一、兩個，你卻仍緊閉雙眼、關上耳朵，認為現在談的戀愛就是人生的正確答案。這種態度有多危險，沒碰過的人不會知道。真正可怕的是，即使已經經歷過一次，下次談戀愛時，還是有很多人會反覆同樣的失誤。

爛車走了，就會換來一臺賓士嗎？

碰到爛車的人，還是會一直碰上爛車，

如果自己不願意改變，

那什麼變化都不會出現。

拓寬自己的視野吧！看看周圍人都怎麼談戀愛，也看看其他人如何築構生活，打開耳朵好好傾聽，並接納他人給予的意見。當局者迷，旁觀者清，很多東西當事人看不到，身邊的人反而看得最清楚。所以，我們應該經常去質疑，不要把自己談的戀愛當作標準答案。

有些對象，任誰看都覺得「不ＯＫ」，但仍有些人堅信自己能夠改變對方。當然，人有可能改變，如果能夠承認自己的問題，成熟的去面對，就有機會成長。但是，有句話說：「**人是沒辦法修繕的東西。**」意思就是，很多人明明清楚自己做錯了，還是不想去改。**如果對方不改變，並不是人很難改變，而是他不想改變。**

人，要自己下定決心改變，才能有所不同。
如果他不想為了你改變，
你想怎麼改變他都是徒勞，
不如乾脆去找一個已經改好的人。

對方改掉問題以後，繼續順利交往，從現實角度來講很難實現。就算改了缺點，但那些因為這個問題爭吵的點點滴滴，都會留在記憶裡，等到某天又發生爭執時，很容易脫口說出這樣的話：「你以前也這樣啊！真的是狗改不了吃屎。」我們很難忘記對方以前的過錯，出現衝突時，就會原封不動的再次浮出檯面。

對另一半而言，他也必須抱著已經在你心中留下壞印象的心理負擔，有些人甚至會希望和知道自己缺點的人分手，重新出發。那個人會把和你戀愛時學到的事情，在和別人交往後內化並改善，獲得更多成長。

談戀愛不是只有轟轟烈烈，也要懂得冷靜判斷，如果覺得現在走的路似乎不是對的，就該趕緊結束。別把時間浪費在對你的人生沒有任何幫助、也不會成為美麗回憶的戀愛上，這樣子折磨自己。

如果已經走偏了，就趕快把走偏的部分切割，毅然決然的拋諸腦後；要是努力想把走偏的路拉直，也可能不小心弄亂了本來好端端的部分。當事情演變得剪不斷、理還亂的時候，想要和對方切割就沒有那麼簡單了，在事情發展到那個地步以前，就要斬斷。

5 一秒認出會不會跟這個人結婚

結婚是時機，
但現實部分要配合得起來，
那份愛才走得下去。

很多人說，結婚是時機，代表在適婚的年齡，剛好在你身邊的就是你要結婚的對象。真的是這樣嗎？我的想法有些不同。

我認為，並不是那個人剛好在身邊，就代表他是你的結婚對象；而是那個時期剛好在身邊，而且從現實角度來看，他是有未來的人，才是適合你的結婚對象。

看看周遭，很多人從很年輕就開始交往，但這些長跑多年的情侶，反而很少成功步入結婚禮堂。很大比例的問題出在現實部分。我也一樣，年輕的時候，我覺得就算沒有錢，只要兩個人心意相通，一定能夠過上幸福快樂的日子，也把愛情看得最重要。

我那時候心想，結婚有什麼了不起？在結婚以前，我不知道原來婚姻是這麼困難又複雜的功課；常聽人家說，**結婚不是兩個人的事，而是兩個家庭的結合**，等到結婚後我才理解這句話的意思。

對彼此的感情，
有天會受到金錢影響。
現實的部分要配合得起來，
那份愛才走得下去。

有時候，從現實角度來想，可能描繪不出和交往對象的未來。因為你很愛他，所以知道分手將會多麼辛苦，但是你應該也最清楚如果和這個人走到最後，結局會是如何。如果你和他的未來，你不用想也知道會怎麼結束，那你就更能輕鬆放手了。別讓自己糾纏在根本沒有未來的事情上，讓雙方身心俱疲。

我知道這很難，明明愛著某個人，卻得逼自己做出理性判斷，這不是普通人能輕易做到的事情。

基本上，可以做到這件事的人，大致能分成兩種。第一種是天生就如此的類型，雖然喜歡某個人，但還是可以用理性判斷，做出該做的選擇。

不過，比起這種類型，第二種類型的人更多。他們很早就知道，從現實角度來想，放任感情繼續加深絕對不是好事。許多已婚者都屬於這種類型，他們在談戀愛時，會尋找沒有自己就活不下去的對象，但是結了婚以後才明白，單憑著喜歡的感情步入婚姻，其實有一定的風險。

因此，我們在挑選對象時，也應該看看對方在情感交流的同時，是否還能保有理性、控制自己的心情，簡單來說，就是一個喜歡你、但仍能夠理性思考的人。

假如做不到這點，總是讓感性勝過理性，這種人就會說：「我非這個人不可。」、「沒有他，我活不下去。」

會說「我知道該分手，但就是做不到」的人，其實並沒有真的「知道該分手」，就是因為不知道，才一直放不下。如果考慮到和對方結婚的話題時，你產生了疑慮，而且那不是彼此可以協調配合的部分了，很可能是根本的問題。

和現在的交往對象結婚，你覺得怎麼樣？

那個人對於和我結婚，又有什麼想法？

談戀愛時，必須不停思考這兩點。

很多人即使想不出和對方結婚會有什麼具體的美好未來，仍然無法理性判斷，只是拖著時間，放任感情越變越深，回過頭來才發現：「天哪！我到底都做了些什麼？」感到空虛無比。遇上現實問題，是放棄對方的正當理由，別忘了，每個人都是克服這樣的傷痛，才得以成長。

6 是愛得太深，還是要的太多？

渴求對方的愛，
並不是因為愛得很深，
只是想要的太多。

「我很擅長表達，也很渴望獲得別人的愛，但是對方很不善於表達，也不常說『對不起、謝謝你』等字眼。雖然我打從一開始就知道他的這種個性，卻還是交往了，結果因為鬧得不開心，吵了幾次架。好討厭總是渴求關愛的自己，我應該分手嗎？我們能夠克服個性上的差異嗎？」

兩邊的立場我都能理解，要解決問題，首先要了解究竟是對方太拙於表達，還是自己太需要對方做出愛的表現，還是說，無論遇到誰，你都如此渴求愛的表現。

如果彼此都能努力，創造出雙方都能滿足的狀態當然最好。如果對方不願意努力，那就出現問題了，因為那就表示他不想道歉，也不想表達感謝。如果對方問：「愛一定要表達出來才可以嗎？即使沒有說出口，你懂不就好了嗎？」其實，那就算是一種煤氣燈效應。

既然如此，就和善於表達的人交往，
那個人不會討厭你表現愛的方式。

就算為了不讓對方感到厭倦，刻意減少表現愛意的頻率，或是改成其他方式，都不能解決根本問題。就算你說你不開心，也像是對牛彈琴，對方始終不明白。

其實，如果過度做出愛的表現、過度索求愛，有的男生會受不了。尤其，如果表現得像不斷向父母索求愛的孩子一樣，對方肯定會感到很累；即便是無私奉獻的媽媽，當她過度執著於孩子身上，成天碎碎唸、事事愛干涉，孩子難道不會覺得很有負擔嗎？

靜下來想想看，你覺得你的行為會太誇張嗎？你的態度健康嗎？如果不健康，就可以慢慢重新思考，你會產生這種心態的動機是什麼。

渴求對方的愛，
並不是因為愛得很深，
只是想要的太多。

你是不是想被愛、又想被安慰，想和他談一場甜蜜的戀愛、又想跟他結婚？如果你已經考慮到結婚了，那你和他戀愛的時間，和婚後相比還有好長一段時間，在這段期間，要如何維持一段不會厭倦彼此的關係，就更加重要。

所以，與其把目標放在和對方談戀愛並步入禮堂，不如把自我成長當作目標。把現在為這些事煩惱的時間拿來打理自己，當成讓自己更加成長的墊腳石。

任誰看來都不好的戀愛對象，
仍有人會認為自己能夠改變對方。

人當然有可能改變，
但如果對方毫無長進，
並不是人很難改變，
而是他不想改變。

7 維持長久關係的祕訣

如果有信任，當彼此之間有了什麼差錯，
就不會懷疑對方，
反而會想：「他會這麼做，一定有他的原因。」

我和妻子交往了非常久，曾經有人問當時還是我女友的她：「怎樣才能談那麼久的戀愛？」那時女友的答案讓我很印象深刻。

她說，在就寢前，我會跟她說：「我明天大概要○點起床。」她沒有特別問我，我們也沒有講好要叫醒對方，我只是無心的把我的計畫說了出來。然後隔天一問，我真的是在那個時間起來的。

然後，我又不經意的說出：「我明天應該會去〇〇〇。」隔天我真的照昨天所說的，做了我計畫要做的事。

她說，打從那個時候開始，她就變得越來越信賴我。

能夠維持長久關係的祕訣，是信賴。

你覺得這太老套，有說跟沒說一樣？

那麼，這麼老套的東西，你有好好建立起來嗎？

此外，她還補充了一句話，她說，通常人們會認為「信賴」和「信任」是一樣的意思，但她認為兩者有所不同。她說，**信賴是信任的前一個階段**。辭典中這麼定義這兩個單詞：

- 信賴：堅信，並且能夠倚靠。
- 信任：相信某件事情或某個人的心態。

建立起信賴以後，就開始有了信任；有了信任以後，當彼此之間出了什麼差錯，就不會懷疑對方，反而會想：「**他會這麼做，一定有他的原因。**」這就是信任重要的地方。

只有信賴卻沒有信任，發生某件事時，可能多少會懷疑起那個人。但是，當信賴累積到足以產生信任的時候，就算整天都沒有聯絡彼此就去睡覺，你也不會疑神疑鬼，想說他到底去哪、做了什麼，而是覺得他可能有他的原因，並決定等到隔天早上再問他。簡單來說，只要把信賴累積到產生信任的程度，你們的關係就不會輕易受影響。

交往久了之後，也不代表關係就不會出現危機。舉例來說，倦怠期就是很多長跑多年的情侶會遇到的難關。想要克服這道難關，最有效的方式就是進行真誠的對話，不要聊很表面的話題，而是蘊含真心的話語。戀愛談久了，我們反而越來越沒有像剛認識時一樣，談論認真話題的機會。

「都交往這麼久了，不用說他也會明白吧？」

「我們都在一起多久了，不用說出口，他也會這麼做的吧？」

「我們之間，還有必要用說的嗎？」

沒有好好照顧的關係，就會像這些對話一樣逐漸變調。其實，不要說男女之間，連家人或老朋友之間，不也是這樣的嗎？

隨著相處的時間越來越久，

很多事情會被當成理所當然，

但天底下沒有什麼是理所當然。

你要用對話去確認、去調整，
看看你們期待的方向是否依舊相同。

如果時間久了，開始出現倦怠期，我們得先回頭檢視看看，是不是因為我，害對方沒辦法說出想說的話？就算對方想說，如果眼前的人看起來不想聽，那對方自然會不自覺的退縮。

有機會的時候，思考看看，是不是很久沒有和另一半進行真摯的對話了？你有想要主動談一談的心意嗎？對方想要溝通時，你又有樂意接納的心意嗎？

8 想復合，只因不想一個人

你想和那個人重修舊好，
並不是因為喜歡那個人，
只是突然變回一個人，不知如何是好，
希望隨便有個人能陪在身邊。

很多被分手的男生會說這句名言：「你跟我分手，一定會後悔。」靠著一股不知從何而來的自信，還恐嚇道：「你跟我分手的話，不可能遇得到像我這樣的男人。」聽到這種話，我就會心想，女生就是為了尋找比你好的男人才跟你分手，你這樣說，怎麼可能有用？

最後，男生還有一個大絕招，就是：「要是你和別的男人交往後，才覺得後悔，再回來找我也沒用。」這句話是在告訴對方，就算你之後才明白我的價值，我也不會再接受你了。

這種話不管是從誰的耳中聽來，都像是想太多，但當事人卻很認真，因為在他看來，自己已經為對方做盡一切、奉獻全部，他很確信沒有男人可以做得比自己還要好。

的確，搞不好她後來真的跟一個更差勁的人交往，所以又想起了你。偶爾也會聽一些男生驕傲的說：「到目前為止，我的前任至少都會回頭聯絡我一次。」不過，這真的值得炫耀嗎？

曾經破裂過的關係，終究很難再次順利發展，
如果對方提了分手，

那就告訴他：「去找比我更好的人吧！」
像這樣子優雅的放手，是最乾淨俐落的方式。
放手後，就頭也不回的離開。

但是每到下雨天，一個人待在家裡，孤獨感總會慢慢浮上心頭，心中出現誘惑，讓你不禁心想：「要不要再試著聯絡前任看看？」其實這是最令我感到不解的事情，都已經交往過的人，為什麼還想重新交往一次呢？這世界上有很多等著你去認識的陌生人，何必要再去找那個對自己造成傷害，或是和自己明顯不合的人？一次就算了，有些人和前任糾纏不清、分分合合，只為彼此增添了不必要的問題。

你想和那個人重修舊好，並不是因為喜歡那個人，只是突然變回一個人了，不知該如何是好，希望隨便有個誰能陪在身邊；所以，你才想回去找那個至少還算了解自己，相處起來比較自在的那個人。

我也曾經這樣過，我以為分手之後，至少應該試圖挽回一次，騙自己說對方提的分手應該不是真心話。我甚至說出「我只要你，沒有你我沒辦法活下去」這種離譜的話，事情過了之後，回頭想想才發現，那句話不是真心，而是為了挽回那個人而吐出來的假誓言。

你不是需要那個人，
只是不想自己一個人。
要是你周圍有不錯的對象，
你還會想起以前那個人嗎？

很多人不知道該怎麼好好分手。其實，如果彼此不合，或是對方說不喜歡了，要怎麼樣去接受這件事，也是很重要的課題。與其心想「我失去了一個很珍惜的人，真的好難受」，不如告訴自己，談戀愛本來就會經歷分手，這是每個人都有的經驗，只是因為現在還不夠熟悉、不適應，才會感到混亂。

這樣子接受分手的事實，會比較容易克服。

9 「有韌性」的戀愛，不一定幸福

比起談著不理想的戀情，
還拖拖拉拉、不願分手，搞得進退兩難，
懂得果斷分手的人，更能創造美好的未來。

假如你對某個人產生好感，一定會很好奇他究竟是什麼樣的人，心中暗自期盼他是個好人。這時，為了了解他，我們會去刺探、蒐集他過去的戀愛史，其中最重視的是他的每場戀愛大概有多長。但這份資訊其實是道陷阱題。

每次交往都長跑多年的人，和沒有長期交往經驗的人，你會選擇誰？大部分的人應該都會選擇前者吧！如果說自己每次談戀愛都不超過三個月，大家都會懷疑：「這個人是不是有什麼問題？」相反的，假如每次談戀愛都是以「年」為單位，會覺得這個人比較穩定。

但其實，這種想法是種偏見。當然，人真的很容易產生這種看法，因為，大家都想交往得長長久久，沒有人想馬上分手，所以常覺得戀情都很短的人，大概就是習慣隨便跟別人交往。

但是你可能忽略了，長期戀愛也不代表每段關係都很好。

拖著一段不怎麼理想的戀情，
即使天天吵架、個性不合也無法分手，
關係若即若離，看起來不幸福，
甚至更像是彼此的仇人——

很多人都談著這種「有韌性」的戀愛。

相反的，雖然每回戀情都很短，但那樣的人有可能個性正面豪爽，一個人也能把生活過得很好。雖然只交往一百天，但是交往期間都能接受對象最真實的面貌，能夠理解對方，只是因為仍然認為彼此不合適，才果斷結束關係。

像這樣受偏見影響，只是一味擔心對方過去的戀情都很短暫，也不會對兩人的未來有任何幫助。換句話說，在沒辦法好好洞悉所有狀況、做出理想判斷的情況下，一味的擔心只會讓你在人生原地踏步。

戀情短暫，不代表一定就有問題；

和一個人愛情長跑，也不代表他就很穩定。

當然，戀情一直都很短暫的人，也可能真的有問題。或許他很容易對他人感到厭倦，但是一厭倦就馬上結束關係，也不是件易事。我認為，那樣的人也很有可能是一認為不適合走下去，就能果斷切割的性格。

比起談著不理想的戀情，還拖拖拉拉不願分手，搞得進退兩難，那些懂得好好結束一段關係的人，對你更有益處。打從一開始就不適合的人，如果和你藕斷絲連，那些浪費的時間該有多可惜！

無論交往期間是長是短，其中都有很多變數，我們無法斷定哪一種比較好。只是，我們不需要戴著有色眼鏡去看待戀情總是短命的人；先把有色眼鏡摘下來，去了解更多與他有關的事情吧！

相反的，如果覺得有過愛情長跑經驗的人好像更有韌性，一開始就把對方想得太美好，反而很危險，最好也嘗試用不同角度來檢視他。不僅要去試探對方的戀愛期間長短，也可以試著了解分手原因和過程。

正如前面所提到，其實兩個人從相遇到心意相通、愛苗滋長的過程，狀況非常複雜，所以我們才要把名為偏見的窗簾掀起來，看看這個人的真面目，思考他是否值得和我共度未來。

到了最後一頁，我希望這本書裡有讓你印象深刻的字句，或是讓你心頭一驚的內容。還有，希望你也能稍微花點時間，冷靜檢視自己的人際與戀愛關係。從今天開始，你的戀情將煥然一新，最好的一段關係，就從現在開始。

issue 054

愛情，不是這樣的！

戀愛不是本能，是需要學習、熟悉的能力。小鹿亂撞絕非「我戀愛了」的指標，找到好對象是有方法的。

作　　者／金月
譯　　者／郭佳樺
責任編輯／李芊芊
校對編輯／許珮怡
美術編輯／林彥君
副總編輯／顏惠君
總 編 輯／吳依瑋
發 行 人／徐仲秋
會計助理／李秀娟
會　　計／許鳳雪
版權主任／劉宗德
版權經理／郝麗珍
行銷企劃／徐千晴
業務專員／馬絮盈、留婉茹
業務經理／林裕安
總 經 理／陳絜吾

國家圖書館出版品預行編目（CIP）資料

愛情，不是這樣的！：戀愛不是本能，是需要學習、熟悉的能力。小鹿亂撞絕非「我戀愛了」的指標，找到好對象是有方法的。／金月著；郭佳樺譯. -- 初版. -- 臺北市：任性出版有限公司，2023.09
256 面；14.8×21公分. --（issue；54）
譯自：사랑은 그렇게 하는 것이 아니다
ISBN 978-626-7182-34-5（平裝）

1. CST：兩性關係　2. CST：人際關係　3. CST：戀愛

544.7　　111015560

出 版 者／任性出版有限公司
營運統籌／大是文化有限公司
臺北市 100 衡陽路 7 號 8 樓
編輯部電話：（02）23757911
購書相關資訊請洽：（02）23757911 分機 122
24小時讀者服務傳真：（02）23756999
讀者服務 E-mail：dscsms28@gmail.com
郵政劃撥帳號：19983366　戶名：大是文化有限公司

法律顧問／永然聯合法律事務所
香港發行／豐達出版發行有限公司 Rich Publishing & Distribution Ltd
地址：香港柴灣永泰道 70 號柴灣工業城第 2 期 1805 室
Unit 1805, Ph. 2, Chai Wan Ind City, 70 Wing Tai Rd, Chai Wan, Hong Kong
電話：21726513　傳真：21724355
E-mail：cary@subseasy.com.hk

封面設計／高郁雯
內頁排版／顏麟驊
印　　刷／韋懋實業有限公司

出版日期／2023 年 9 月初版
定　　價／新臺幣 390 元（缺頁或裝訂錯誤的書，請寄回更換）
I S B N／978-626-7182-34-5
電子書ISBN／9786267182352（PDF）
9786267182369（EPUB）